조직별 **멘토링**
12개월 운영방법

셀프업 17

기업, 학교, 대학, 교회, 공공기관, 청소년을 위한

조직별 멘토링 12개월 운영방법

류재석 지음

이담 Books

이 책은 조직개발에 필수적으로 적용하는 제도적 멘토링을 6개 조직별로 도입하여 12개월 운영방법을 다루었다. 그리고 각 조직에서 멘토링 활동의 주역인 멘토에 관하여 체계적인 6가지 양성 및 관리 방법을 통하여 멘토링 활동의 성공확률을 높일 수 있도록 했다.

특히 On Line과 Off Line을 통합한 전산 시스템으로 조직 경영의 효율성 차원에서 인원수, 시간적, 장소적, 관리적인 제한을 벗어나 중장기적인 면에서 저비용 고효율의 효과를 극대화하기 위한 체계적인 시스템의 필요성을 다루었다.

[6개 조직별 12개월 운영방법]
1. 기업 운영방법   2. 학교 운영방법   3. 대학 운영방법
4. 교회 운영방법   5. 공공기관 운영방법   6. 청소년단체 운영방법

◆서 문◆

1. 이 책의 서언(Preface)

최근 경영 환경의 격변은 많은 경영자들을 당혹스럽게 만들고 있다. 예전에는 자신의 체험담을 들려주면서 자신의 경험에 기초하여 이야기하면 직원들도 수긍을 하면서 어느 정도의 성과를 보아온 것이 사실이다. 즉 자신의 경험이 정답이었던 시대였다.

하지만 지금은 이렇게 위에서 아래로 명령하는 톱다운(Top Down) 방식으로는 큰 성과를 얻기는 어렵다. 과거는 기업을 둘러싸고 있는 상황이 완전히 다르므로 직원을 상대하는 방식도 달라야 한다. 왜냐하면 현대는 정답이 없는 시대이기 때문에 경영자 개인의 경험은 절대로 정답이 될 수 없기 때문이다.

고도성장이 가능했고 경쟁의 정도가 지금처럼 심하지 않았던 시기에 통용됐던 '하면 된다', '이렇게 하라'는 식의 티칭(Teaching = 주입식 교육)은 더 이상 유효하지 않다. 이 티칭을 대신할 완전한 새로운 기법으로 시금 경영계에서 가장 각광받는 것이 멘토링 기법이다.

멘토링은 인간성 바탕 위에 생산성 측면에서도 중요하다. "조직의 비전과 개인의 비전이 다를 수 있다. 이렇게 되면 조직의 발전에 장애가 생긴다. 두 가지 비전을 하나로 수렴시키는 데 멘토링은 적절한 수단이다.

그럼 멘토링이란 무엇일까? 한마디로 말하면 한 사람의 적성을 찾아 역량을 개발하여 조직사회에서 자발적인 행동, 즉 리더십을 발휘하기 위한 인간 간(人間 間) 커뮤니케이션이다.

자신의 생각에 따라 스스로의 나아갈 길을 결정하고 그러기 위해서는 무엇을 해야 되는가를 인식하여 주체적으로 행동하는 것이며, 멘토를 세워 그것을 돕는 것이 멘토링인 것이다.

그러면 어려운 경영 환경에서 참된 조직의 경쟁력이란 무엇일까? 고도 성장기에는 매출 지상주의 기업이 주류를 이루었으나 지금의 경제 정체기에는 이익률 중시 기업이 늘고 있다. 이익률 향상을 위해서는 기존의 고객을 유지하고, 이탈을 방지하는 것이 최선의 과제이다. 이것을 실현하기 위해서는 종래와 같이 제품 품질만으로는 차별화가 어렵다.

최근의 경영의 핵심은 어떻게 경쟁력 있는 인재를 확보하여 서비스의 질을 높이고 고객 이탈을 막아 이익률을 높일까 하는 것이다. 멘토링 경영의 효과는 이와 같은 생산성 향상을 실현하는 데 큰 기여를 할 것이다.

멘토링을 조직차원에서 적극적으로 나서서 해야 하는 이유는 너무도 명백하다. 당신의 자문에 이런 대답이 커다란 반향이 되어 돌아올 것이다. "네가 사회에 처음 발을 디딘 유능한 인재들을 도우면 당연히 그 인재는 더 빨리 그리고 실패의 경험을 줄이며 성공할 수 있고, 조직이나 단체는 비즈니스적으로 좋은 결과를 얻을 수 있으며 무엇보다도 너 또한 무한한 성취감과 함께 젊은 사람과의 지속적인 만남으로 신선한 감각을 계속 유지해 더 성공할 수 있기 때문이다……."

GE그룹의 멘토링 효과에 따르면 멘토의 지도를 받은 사람은 평균적으로 승진이 빠르며 월급도 더 많이 받고 높은 전문성과 능력을 자랑한다. 또한 일에 대한 만족도도 크고 조직에 더 잘 적응하며 각종 스트레스와 역할 갈등으로부터 자유롭다. 멘토의 도움을 받은 멘제는 후에 다른 사람의 멘토가 될 가능성이 높다.

멘토 자신도 멘토 - 멘제 관계에서 얻는 것이 많다. 멘토링은 자신의 업무에 시너지 효과를 내는 경우가 많아, 멘토 개인적으로나 업무적으로나 '재충전'의 기회이자 조직 내에서 더욱 튼튼한 지지 기반을 마련하는 기회다. 조직 내에서 인재를 발굴하고 후진을 양성한 공로를 인정받기 때문이다.

그리고 멘토 - 멘제 관계는 조직의 이익에도 크게 기여한다. 관리자나 상관이 멘토를 자청하고 나서면 조직의 생산성이 크게 높아질 뿐 아니라 조직원들의 소속감도 강화되고 이직률이 낮아지며 숨은 인재를 찾아낼 확률이 높아진다. 멘토링을 받은 직원들은 조직에 대한 소속감과 충성심을 갖게 된다. 이처럼 훌륭한 멘토링은 당사자인 멘토와 멘제는 물론 그들이 속한 조직에까지 크게 생산성 효과를 가져다준다.

오늘날 소식 개발에 필수적인 제도적 멘토링(Systematic Mentoring)은 1970년 중반에 미국, 캐나다 지역에서 기업의 상급자들 중심으로 멘토링 프로그램이 개발되어 각 조직에서 인간경영 전략으로 체계적으로 도입하는 계기가 되었다.

오늘날 조직에 적용하는 멘토링의 특징은 도입을 원하는 조직에서 일정 기간을 필요로 하는 프로젝트(Project) 개념에서 활동목표에 따라 컨설팅 매뉴얼(Manual)이 필요하게 된다. 왜냐하면 조직에 적용하는 멘토링은 조직의 특성상 투자의 개념과 성과 측정 차원에서 평가가 뒤따르는 것이 필수적이기 때문에 체계적인 시스템으로 접근이 필요하기 때문이다.

먼저 멘토링 컨설팅의 개념을 어떻게 프로그램화하여 현장에 구체적으로 제공할 것인가? 특히 제도적 멘토링에 관하여는 어떻게 경영현장에서 인간성 위주로 한 생산성 확보가 가능할 것인가가 전제되어야 한다.

멘토링 컨설팅 수행은 도입 프로그램 원칙을 설정하는 과정이므로 멘토링 추진 주체(Mentoring TFTeam)가 설정된 후 프로그램 진행상 문제가 발생을 염두에 두고 복잡하고 다양한 컨설팅 프로젝트를 진행해야 하는 것이다. 특히 추진 팀은 멘토링을 인재개발 투자라는 전제하에 결과적으로 생산성 효과와 연결 프로그램을 구축해야 한다는 확고한 방침으로 추진에 임해야 한다.

마지막 장에서 소개하는 전산시스템은 오늘날 조직 경영의 효율성 차원에서 인원수, 시간적, 장소적, 관리적인 제한을 벗어나 저비용 고효율의 효과를 극대화하기 위한 체계적인 On Line과 Off Line을 통합한 전산 시스템 운영방법을 다루었다.

아무쪼록 이 책이 오늘날 조직 개발용으로 적용되고 있는 제도적 멘토링 시스템을 운영하고자 하는 경영자, 관리자, 그리고 멘토링 활동에 직접 참여하고 있는 멘토/멘제 모니터에게 저비용 고효율로 멘토링 성과를 거두는 체계적인 시스템 운영에 유용한 자료로 활용되기를 기대한다.

2. 이 책의 내용(Contents)

Theme 1 Story 멘토링 기본 이해

멘토링은 인간의 특성을 연구하고 그 역량을 개발하여 차세대 리더로 세우는 일이다. 특히 오늘날 각 조직마다 하이테크의 부작용으로 상실된 인간성 회복에 멘토링은 인격적인 리더개발로 각광받고 있는 인간경영 프로그램이다. 이 테마에서는 멘토링 원리에 관한 역사성 차원에서 기본 이해와 현대사회 각 조직에서 멘토링의 필요성과 그리고 먼저 도입해서 경영 현장에서 성과를 도출한 사례를 간추린 4개 업체의 효과성을 다루었다.

Theme 2 Mentor 멘토 체계적인 양성방법

멘토링 활동이 활성화되기 위해서는 조직에서 철저한 통제 및 관리가 아니라 적극적인 지원과 개발로 멘토가 자생력을 제대로 발휘할 수 있도록 지원하는 것이다. 특히 전통적인 멘토링에서와는 달리 조직에 적용되는 제도적 멘토링에서는 멘토를 체계 있게 개발하여 멘토에게 자부심과 책임감을 느끼게 하는 것이 성공의 지름길이다. 이 테마에서는 멘토에 관한 원스톱 관리 서비스로 [멘토

체계적 양성방법 Best - 6]을 소개한다.

Theme 3 Mentor 멘토링 조직별 도입 방법

제도적 멘토링은 사람, 시간, 자금 등 3가지 투자가 이루어진다. 그러므로 최종 평가에 의하여 교육성과를 도출하기 위한 프로그램을 체계적으로 관리할 시스템이 필요하게 된다.

멘토링 프로그램을 체계적으로 관리하여 저비용 고효율의 성과를 얻고자 한다. 제도적 멘토링을 도입하여 매뉴얼을 작성하고 프로그램을 표준화하여 멘토/멘제의 활동 성공률을 높이기 위한 도입 방법을 조직별로 소개한다.

Theme 4 Process 멘토링 과정별 프로그램 관리

멘토링 프로젝트를 구체적으로 추진하기 위하여 4 - Process인 추진과정, 교육과정, 활동과정, 평가과정에서 운영 프로그램을 작성하는 단계다. 추진 및 활동 조직구축, 인력확보, 프로그램개발, 교육계획 멘토/멘제활동 계획 그리고 최종 평가 프로그램을 작성한다. 프로그램을 먼저 작성 후 필요 예산 편성을 하여 활동을 지원하고 인간성 바탕 위에 생산성 확보를 목적으로 활동을 추진한다.

Theme 5 Schedule 멘토링 조직별 12개월 운영 방법

대부분 사람이 잘못된 선입견으로 멘토링이 1회성 단기적인 교육프로그램으로 인식하고 있다. 이 테마에서는 멘토링 활동이 과정

(Process), 즉 중·장기적인 기간의 필요성과 특히 조직에서 최단기적으로 적용하는 12개월의 타당성과 구체적인 일정 그리고 예산편성을 다루었다.

Theme 6 System 멘토링 전산시스템

멘토링 전산 시스템은 조직의 양적, 질적, 성과적인 경쟁력 강화 차원에서 Off Line의 한계인 인원적, 시간적, 장소적 관리적 제한을 벗어나는 효과가 있다.

특히 대학, 그룹사, 학교, 대형교회 등에서 수천 명을 동시에 On Line에서 지원이 가능하다. 저비용 고효율의 효과를 지속적으로 얻을 수 있는 중장기적인 On Line 시스템이다.

금번 저희는 온라인 사이버 교육시스템을 갖추면서 Off Line을 보완하여 On Line 시스템을 체계 있게 구축 운영할 수 있도록 먼저 효율적인 투자차원에서 아래 3가지 시스템별로 예산편성표를 소개한다.

Diamond System 예산편성표
Gold System 예산편성표
Silber System 예산편성표

3. 이 책의 집필동기(Motivate)

1) 멘토링에 관한 올바른 개념정리가 필요한 때다

멘토링이 국내에 도입된 지는 30여 년 전으로 추측한다. 그동안 체계적이지 못하고 단편적인 사례를 응용하는 데 그쳤다. 특히 일반 교육제도, 리더십, 코칭, 상급자제도 등과 같은 경영기법과 구분이 모호해서 차별성을 갖지를 못했다.

멘토링은 오늘날 상실된 인간성 회복과 인간중심 경영우선을 주장하면서 특히 상도(최인호 저)에서 임상옥의 "장사는 이익을 남기는 것이 아니라 사람을 남긴다."라는 말에 동의한다. 돈 나고 사람 난 것이 아니고 사람 나고 돈 났다는 말을 더 붙인다.

결국 멘토링 경영의 개념을 요약한다면 그 주제는 인간(A Person)이고 내용은 인격(character)이며 그 목적은 인격적인 리더(A Leader) 개발로 인간경영 프로그램인 것이다.

2) 조직개발용 제도적 멘토링의 이해가 급선무다

지금까지 우리는 개인 간의 자유롭게 연결되어 활동하는 전통적 멘토링(Typical Mentoring)에 익숙해 있다. 그러나 오늘날 조직에서 투자의 개념으로 도입되는 제도적 멘토링(Systematic Mentoring)은 개인 간 멘토링과 확연히 구별되어야 한다. 제도적 멘토링의 목적은 인간성 바탕 위에 생산성 효과를 얻는 것이다.

3) 멘토를 체계 있게 양성해야 성공률을 높일 수 있다

조직에 적용되는 제도적 멘토링에서는 멘토를 일정 기준에 의해서 선정하고 그리고 체계적으로 양성과 관리가 이뤄져야 한다. 왜냐하면 성공적인 생산성 효과는 멘토의 책임의식과 목표의식이 필요로 하기 때문이다.

4) 조직별 특징과 차이점을 감안하여 멘토링을 적용해야 한다

조직마다 구성원의 분위기와 조직 문화가 달라 멘토링 시스템도 그 특성에 맞게 적용해야 큰 성과를 거둘 수 있어 우선 기업, 학교, 대학, 교회, 공공기관, 그리고 청소년단체 등 6개 조직별로 구분하여 적용방법을 제시했다.

5) 멘토링 도입에 체계적인 투자와 생산성 효과를 챙겨야 한다

이상적인 멘토링 운영은 오프라인(Off Line)의 한계를 보완하는 온라인(On Line)과 통합시스템으로 운영하는 것이다. 그래서 1회성 교육 이벤트가 아니라 중장기적인 효율적 투자로 저비용 고효율의 성과를 거두고자 하는 것이다.
　- Dia System - 전산시스템＋온라인 교육＋오프라인 12개월 운영(1.5억 두자)
　- Gold System - 전산시스넴＋온라인 링크＋오프라인 12개월 운영(1억 두자)
　- Silver System - 온라인 링크＋오프인인 12개월 운영(0.5억 투자)

4. 이 책의 출간 감사(Thanks)

멘토링코리아 설립 당시(1998. 2. 1) Bob Biehl 박사(美 멘토링전문가)와 William Gray 교수(加 브리티시 대학)로부터 전화, 이메일, 책자 등의 귀중한 자료를 제공받은 것에 대하여 두 분에게 진심으로 감사를 드린다.

초창기부터 한국적인 정서에 맞는 올바른 이론 정립과 생산성 확보에 필수적인 실행 프로그램을 개발하는 데 전문연구원으로 동참한 민홍기 박사, 김영회 박사, 최창호 박사, 최명국 박사, 탁충실 위원, 그리고 최근에 합류한 김순환 박사, 이제빈 박사, 한광훈 박사, 김해영 박사, 조병용 박사, 김동철 박사, 김성일 군목, 조주영 박사, 홍은경 박사, 안만수 박사, 전종현 위원, 박화현 위원, 문일상 위원에게 감사드린다.

멘토링 자격증을 취득하고 전문업체로 멘토링 보급에 파트너십을 하고 있는 김호정 원장(멘토링솔루션), 이용철 원장(한국멘토링코칭센터), 나병선 대표(멘토링코리아컨설팅), 홍은경 소장(핸즈코리아), 이영남 대표(SMI KOREA), 신정범 목사(큰 비전교회),이순길 목사(소망교회)와 기타 현장에서 멘토링 보급에 앞장서고 있는 66명 멘토링지도사에게 감사드린다.

멘토링 불모지 한국에서 정부기관 도입에 앞장선 노동부 부천지청 최광휘 사무관, 농림수산부 신경순 사무관, 지식경제부 김영화 서기관, 행정안전부 이정래 서기관, 그리고 최근 교육과학기술부 임용우 팀장님께 감사드린다.

멘토링은 저자에게 하나님이 25년 만에 기도의 응답으로 주신 선물(Gift)이다. 이에 감사하는 마음으로 멘토링에 열정을 가지고 다이아몬드와 같은 고품질의 프로그램으로 개발하여 1) 하나님께 영광, 2) 조직개발에 기여, 그리고 3) 많은 사람에게 유익을 주고자 한다(고전 10:31~33).

저자의 멘토로서 8년간 저자에게 청교도 삶을 각인시킨(1980~1988) 故 김용기 장로님(가나안농군학교설립자)과 대를 이어 멘토링 관계를 이어오고 있는 김평일 가나안농군학교 교장께 감사를 드린다.

이 책이 발간되기까지 짧지 않은 세월 속에서 기도의 응원군인 서현교회 김경원 목사님과 성도님들, 그리고 저자의 에너지 근원이 된 아내 임금자를 포함한 가족인 류환, 류현, 한현숙, 류경헌, 류지영, 안성훈에게 감사드린다.

마지막으로 어려운 여건 속에서도 기꺼이 출판을 맡아 수고한 한국학술정보㈜ 임직원들께 심심한 감사를 드린다.

2009년 10월 1일
류재석

Contents

Contents

Story. 멘토링 기본 이해

멘토링은 인간의 특성을 연구하고 그 역량을 개발하여 차세대 리더로 세우는 일이다. 특히 오늘날 각 조직마다 하이테크의 부작용으로 상실된 인간성 회복에 멘토링은 인격적인 리더개발로 각광받고 있는 인간경영 프로그램이다. 이 테마에서는 멘토링 원리에 관한 역사성 차원에서 기본 이해와 현대사회 각 조직에서 멘토링의 필요성과 그리고 먼저 도입해서 경영 현장에서 성과를 도출한 사례를 간추린 4개 업체의 효과성을 다루었다.

1장 멘토링 역사성
2장 멘토링 필요성
3장 멘토링 효과성

1장

멘토링 역사성

인류 역사 이래로 멘토링은 인간의 관계 형성 본능에 의하여 우리 생활 속에 깊숙이 자리 잡아 왔다. 대표적인 사례가 천주교 대부제도의 근원이라고 볼 수 있는 유대인의 잔탁(Zantak – BC14C)제도다.

멘토링의 역사적인 유래는 호머의 저서 그리스 신화에서 오디세우스(Oddyseus) 왕은 트로이(Troy)전쟁(BC1250)에 참전하여 귀환하기까지 20여 년이라는 오랜 세월 동안 이타카 왕궁을 비웠다. 그리고 그가 집으로 돌아왔을 때 멘토(Mentor)가 텔레마코스(Telemachus)를 지혜롭고 현명한 왕으로 키워 놓은 것을 보았다.

그리스 신화(BC 800) 바로 이 시에서 지혜와 예술의 여신 아테나(Athena)가 멘토의 형상을 띤다는 사실도 주목할 만하다. 이것은 우리가 이해하는 몇 가지 재미있는 가능성을 더해 준다. 예를 들면, 이 이야기는 오디세우스 왕의 귀환과 동시에 텔레마코스 왕자와 함께 원로 간신들과 대항하여 격렬한 싸움을 하는 것으로 끝난다.

그런데 싸움에 참가한 원로 간신들은 대부분은 오디세우스가 오랫동안 집을 비운 사이 그의 왕비 페넬로페(Pelelope)에게 강제로 청혼한 사람들이었다. 아버지와 아들과 군대의 결속력은 아주 강했다. 그래서 그들은 다시 승기를 잡았을 뿐 아니라 적군의 진지를 완전히 쓸어버리겠다고 위협했다. 그러나 장수들이 적군을 쓸어버리려 할 때, 아테나가 나타나 오디세우스에게 전투를 끝낼 것을 요구한다.

"레이어티즈와 나이 든 신들의 아들 오디세우스여, 땅의 길들과 바다의 길들의 주인이여, 당신에게 명하라. 이 전투를 여기에서 그치라고. 그렇지 않으면 넓은 세상을 보시는 제우스(Zeus)께서 화내시리라." 그는 그녀에게 수종했네, 그의 마음은 기뻤다네. 후에 두 진영은 그들의 중재자를 통해 곧 폭풍구름을 방패로 가지신 제우스의 딸 아테나를 통해 평화의 맹세를 하였다네. 하지만 그녀는 여전히 멘토의 형상과 목소리를 가졌다네.

그러므로 멘토는 평화유지, 중재, 공동체의 보존과 관계있는 것으로 보인다. 병사들이 그의 말에 귀를 기울인다. 그는 싸움 위에 서 있다. 그리고 그의 지혜(또는 아테나의 지혜)가 그날을 다스린다.

요점은 멘토가 우리가 쓰고 있는 은유적 용어인 스승(Mentor)이라는 말의 기원이라는 것이다. 모든 묘사적인 언어처럼 멘토는 사람들에 따라 각기 다른 의미를 가진다. 멘토는 주인, 인도자, 본보기, 지도자, 선생, 아버지 같은 사람, 트레이너, 가정교사, 조언자, 상담자, 코치일 수 있다. 그리고 그 외에도 더 많은 가능성이 있으므로 멘토의 역할의 정확한 정의는 인간경영을 주도하는 리더, 즉 포괄적인 존재라고 말해야 할 것 같다.

멘토링제도(Mentoring System)가 역사 속에서 제대로 자리를 잡게 된 것은 프랑스 루이 왕조시대에 페넬롱(Fenelon)이 브르고뉴(루이 14세 장손) 왕자의 멘토로 활동하게 되면서 1699년에 [텔레마코스모힘]이라는 저서를 남기게 되어 역사 속에서 명실공히 멘토링의 철학이 정립된 것이다.

중세에서 유럽의 기술자 자격제도인 마스터제도, 동업조합인 길드제도, 천주교 대부 제도 등이 인재개발의 주요한 프로그램으로 인정받게 되어 크게 활성화되면서 최근 1901년 미국에서 청소년 멘토링 제도(BBS)가 첫 비영리 단체로 활동하게 되었다.

오늘날 조직에 도입되고 있는 제도적 멘토링은 1970년대에 레빈슨 교수(Levinson 예일대)의 저서 [남자의 생애계절]에서 "멘토가 없는 사람은 고아와 같다."와 로체 교수(Roche 하버드대)의 "기업의 임원으로 승진된 사람들은 대부분 멘토의 도움을 받았다."라는 글과 윌리엄 그레이 교수(William Gray 브리티시대)의 새로운 멘토링 프로그램(New Mentoring Program)이 발표되면서 현실에 맞게 이론 정립과 실행 프로그램으로 체계를 이루게 된 것이다.

국내 멘토제도는 저자가 1998. 2. 1에 탁충실 위원, 민홍기 박사, 김영회 박사, 최창호 박사, 박건 박사, 최명국 박사 등과 공동연구를 하면서 [멘토링코리아]를 설립하여 한국 실정에 맞고 생산성 효과를 확보할 수 있는 제도적 멘토링 프로그램(Systematic Mentoring)을 개발하게 되었다.

2장

멘토링 필요성

20세기의 대량생산과 분업화를 주축으로 해 오던 경제체제가 21세기에는 다품종 소량생산과 특성화라는 새로운 패러다임의 경제체제로 급속히 전환되고 있다. 대량생산의 필수요소인 규격화와 표준화는 집단주의 사회 풍토에서 한때 사회적인 미덕으로까지 치부되어 왔다. 기업, 학교, 교회 등 각 조직의 교육현장 역시 이 같은 사회적인 패러다임 속에서 예외는 아니었다.

19세기까지만 해도 가정교육이나 서당교육 등 교육 현장에서는 인간의 관계와 관계 사이에서 이어져 내려오는 인격적 감화와 영향력이 사회적으로 일반화되어 있었다. 그러나 20세기 이후 학교라는 제도적인 교육은 공장에서 대량 생산되는 물품처럼 인격적인 영향력이 배제된 채 규격화되고 경쟁적인 모습으로 생산에 소요인력을 공급하는 데 앞장서 왔다.

산업화가 진전될수록 개인주의는 병세가 악화되었고 공동체가 해체되면서 개인과 개인 사이에 단절된 틈을 타고 죄(罪)는 밀물처럼 밀려들어 왔다. 범죄는 갈수록 흉포화·지능화되었다. 학원 폭력과 가정 파괴도 전 세계적으로 심각성을 더해 왔다.

개인주의가 극에 달해 있는 미국 사회에서 이 같은 병폐는 더욱

짙게 나타났고 드디어 인간관계 중심의 리더십 유형인 멘토링
(Mentoring)이 그 사회적 대안으로 등장하여 유행병처럼 번지고 있다.

오늘날 21세기는 미래학자들이 예견한 것처럼 각 조직에서 인재
전쟁(The War for Person)을 치를 만큼 인간관계가 갈급한 시대
(Mentoring Age)라고 부르게 되었다.

그로 인하여 지금까지 각 조직에서 대량집단 교육체계로 이어오
던 인재육성 전략도 이제는 새로운 틀(New Paradigm)을 강력히 요
구받게 되었던 것이다.

1. 오늘날 기업은?

20세기의 대량생산과 분업화를 주축으로 해 오던 경제체제가 21
세기에는 다품종 소량생산과 특성화라는 새로운 패러다임의 경제
체제로 급속히 전환되고 있다. 대량생산의 필수요소인 규격화와 표
준화는 집단주의 사회 풍토에서 한때 사회적인 미덕으로까지 치부
되었다. 기업의 집단교육 역시 이 같은 사회적인 패러다임 속에서
예외는 아니었다. 그러면 멘토링기법에서 기업의 인재개발 대안은
무엇인가?

기업경영에서 멘토링을 성공적으로 활용한 사람은 GE의 잭웰치
를 들 수 있다. 그는 우수인재개발 멘토링에서 진급자의 80%가 멘
토의 도움을 받았다고 자서전에 기록하였고 자신을 비롯한 임원
600명이 부하들을 멘토 삼아 IT 분야를 배우는 쌍방향 멘토링, 그
리고 핵심인재인 후계자 이멜트 CEO를 1년간 1:1로 집중적으로

멘토링을 하였다. 그는 인사관리업무에 70% 시간을 투자하면서 멘토링기법을 조직의 각 부문에 활용하여 오늘날 기업경쟁력과 직결시키고 있음을 알 수 있다.

조직에서 1:1 멘토링은 통상 개인의 능력을 이끌어 내면서 조기육성을 도모하는 기본적인 방법으로 활용되고 있다. 또한 도움받는 멘제뿐만 아니라 도움 주는 멘토도 동시에 육성할 수 있다는 점이 멘토링 제도의 가치를 높여주고 있는 것이다.

아직 미숙하더라도 장래성 있는 멘제에 대하여서는 1:1 멘토링부터 시작하는 것이 원칙인데, 이는 장래성을 꿰뚫어 보기가 쉽기 때문이기도 하다. 가능성 있는 인재에게는 계속적으로 성장해 가는 모습을 지켜보면서 별도의 개발계획을 생각해 두는 것이 좋다. 그동안 국내외 멘토링 필요성에 대한 자료를 정리하여 아래와 같이 요약해서 소개하고자 한다.

1) 현행 집단교육은 갈수록 그 피해가 속출하고 있으며 특히나 고비용 저효율이라는 차원에서 문제가 심각하다. 멘토링은 그에 최적의 대안으로 중간 지도자인 멘토를 세워 1:1 인재개발 체제로 저비용 고효율뿐만 아니라 집단교육의 피해를 충분히 보완할 수 있는 프로그램이다.

2) 생산성(Productivity) 위주의 현행 일방(One Way) 경영체제는 노사관계뿐만 아니라 오늘날 구성원의 다양한 능력을 모으는 데 걸림돌이 되고 있다. 인간성(Humanity) 위주의 멘토십 제도는 사원이 함께 참여하는 쌍방(Two Way)경영의 새로운 노사화합 문화를 구축할 수 있는 대안으로 평가받고 있다.

3) IT산업 발전과 첨단기술(Hightech)은 살벌한 경쟁심을 유도함

으로 모래알 같은 차가운 조직 분위기가 되어 특출한 인재들의 이직이 속출하고 있다. 멘토링은 이러한 냉랭한 분위기에서 멘토와 멘제 간에 따뜻한 인성(Hightouch)이 베풀어짐으로 고품질의 인재(High Quality Person)를 확보할 수 있어 21세기 인재전쟁(The War for Talent)시대에서 인적 경쟁력의 우위를 선점하는 HRD의 New Paradigm이라 할 수 있다.

2. 오늘날 학교는?

18세기 중엽 영국에서 일어난 산업혁명으로 인해 산업화, 도시화가 이루어짐으로써 교육도 대중화 시대를 맞이하게 되었다. 시민대중의 의무교육은 점차 각국의 국가적 시책으로 등장했고 과거와 달리 교육기회의 균등한 분배가 민주사회를 앞당기는 공헌을 했어도 학교교육 적용곤란 학생의 양산이라는 또 다른 문제점을 야기하고 말았다.

게다가 18세기 말 프랑스에서 발발한 정치 혁명은 방금 전의 산업혁명과 더불어 서양인들의 사고와 생활에 가히 '혁명적' 지각변동을 가져왔다.

그 뒤로 19세기에 넘어와서 마르크스 공산주의 운동, 다윈의 진화론 및 프로이드의 의식형 심리학 등에다 20세기 포스트모더니즘까지 뒤범벅이 돼 지식인들조차 확정된 객관적 가치의 부인을 공공연히 들먹였다. 이러한 결과로 인간 간 유대 단절, 공동체의 와해, 자연의 침탈현상이 갈수록 두드러지게 되었고, 사회의 일원인

학교 역시 그 충격으로 무너져 갔다.

특히 미국에서는 멀리는 장자끄 루소, 가까이는 존듀이의 자연주의-본성주의-교육사상에 입각한 진보교육이념이 교육의 지적 측면을 소홀히 하고 재능개발만 강조하다 보니 하향평준화로 가버렸고 끝내 공교육의 붕괴로 이어지고 말았다.

이에 교육적 실재를 회복하고, 각종 형태의 부적응 학생을 도와주기 위해 열린교육, 영재교육, 인성교육, 대안교육 등이 출현한 것이다. 그러므로 이러한 대안교육은 기존교육의 반성에서 출발한다.

지적 기능 발휘 위주, 개인주의적 입시경쟁 위주의 교육, 개성을 무시한 천편일류의 교과과정, 이신론적 신념 위에서 개발을 빙자해 자연을 마구 만용, 훼손하려는 이기주의 및 섬김보다 출세를 미덕으로 삼는 입신양명주의에 물든 기존학교교육의 한계를 극복하려는 의지의 일단이 인간성 회복의 대안으로 멘토링 교육 형태를 강하게 요구받고 있다.

1) 현행 평준화 교육은 갈수록 그 피해가 속출하고 있으며 과대한 사교육비와 교육이민이라는 차원에서 사회적으로 문제가 심각하다. 멘토링은 그에 최적의 대안으로 중간 지도자인 멘토를 세워 1:1 인재개발 체제로 우수그룹 학생과 열등그룹 학생을 수준별 교육함으로 평준화 교육의 피해를 보완할 수 있는 프로그램이다.

2) 양(Quantity) 위주의 현행 교육체제는 학생들의 다양한 재능을 개발하는 데 걸림돌이 되고 있다. 인간성(Humanity) 위주의 멘토십 제도는 학생 개개인의 재능과 특성을 개발하여 질(Quality)적 성장을 유도하는 대안으로 평가받고 있다.

3) 학력 위주(Hightech)의 학습풍토는 살벌한 경쟁심을 유도함으로 사제 간, 학생 간 모래알 같은 분위기가 되어 전인교육을 지향하는 학교 교육에 치명타를 안겨주고 있다. 멘토링은 멘토와 멘제 간에 1:1 관계로 교사 간, 교사와 학생 간, 학생 간 따뜻한 인정(Hightouch)이 우선적으로 베풀어짐으로 자연스럽게 인성교육의 장(場)이 마련되게 된다.

미국대학에서 MBA출신 86%가 멘토링제도가 있는 기업을 선택하겠다는 통계를 발표한 적이 있다. 이는 대부분의 대학에서 재학생들에게 멘토링 활동을 적극 권장하면서 개인개발과 조직 활성화에 큰 효과를 거두고 있기 때문이다.

국내에서도 대부분 대학마다 나름대로 멘토링을 도입하고 있다. 멘토링을 경험해 봤는지를 묻는 질문에 대해 대학생 443명 가운데 43.1%가 경험했다고 응답했다(자료: 2002. 11. 직업능력개발원). 반면에 대학에서 성공률은 극히 미미한데 이는 제도화된 멘토링 프로그램을 갖추지 못한 유사멘토링(Side Mentoring)에 머물고 있는 실정 때문이다.

대학에서 멘토링의 필요성은 대학을 지나가는 관문으로 인식하는 학생들에게 형제와 자매와 같은 부드러운 분위기를 유도할 뿐 아니라 지적(知的) 면에도 살벌한 경쟁의식에서 남을 챙겨주는 포용력을 발휘함으로 조직 분위기를 인간성 바탕 위에 자발적으로 고차원의 학업성취를 달성하는 데 필요한 제도이다.

양(Quantity) 위주의 현행 교육체제는 학생들의 다양한 재능을 개발하는 데 걸림돌이 되고 있다. 인간성(Humanity) 위주의 멘토십 제도는 학생 개개인의 재능과 특성을 개발하여 질(Quality)적 성장을 유도하는 대안으로 평가받고 있다.

(1) 대학에서 교수와 교수 간의 멘토링 활동은 지식경영이 이뤄
진다.

(2) 교수와 학생 간에 멘토링 관계에서 존경과 신뢰회복 계기가
된다.

(3) 특정 학생에게 교수 멘토제도는 질적 수준별 교육이 가능하다.

(4) 학생끼리 동료 멘토링(Peer to Peer)으로 학습조직이 활성화된다.

(5) 특히 신입생에 적용하는 멘토제도는 정착률을 획기적으로 높
인다.

(6) 동문, 사회지도자와 졸업생과 연결은 개방적이고 취업률을 높
이는 계기가 된다.

3. 오늘날 교회는?

교회론의 가장 큰 이슈는 "교회가 왜 존재하는가?"라는 물음이
다. 이 질문은 "교회의 사명이 무엇인가?" 하는 질문과 동일한 것
이다. 한국 교회는 이 질문을 답하는 과정에서 역사적으로 두 유형
의 모델을 세워 나갔다. 하나는 전도를 통한 '교회 양적 성장'이며
다른 하나는 '교회 질적 성숙'이다. 이와 같이 양적인 성장과 질적
인 성숙이라는 두 바퀴가 서로 같이 구를 때만이 교회가 건강하다
고 볼 수 있다.

그러나 오늘날 목회의 현실은 어떠한가? 아래와 같이 몇 가지 문
제점을 지적하고 멘토링 전략 차원에서 대안을 제시하고자 한다.

(1) 먼저 목회자의 일방적인 목회(Oneway 목회)가 문제이다

과중한 목회로 인하여 건강은 물론이고 고유한 기도와 말씀 연구에 전념하지 못하므로 교인의 질적 성숙에 문제가 드러나고 있다.

멘토링에서는 모세가 평신도를 개발하여 중간지도자에 업무를 위임한 사례와 같이 오늘날 목회 현장에 평신도 멘토제를 도입하여 의사소통이 원활한 목회(Two way목회)를 지향해야 한다.

(2) 두 번째는 교육중심의 지적 목회(Hightech목회)가 문제이다

평신도에 과분한 성경교육은 결과적으로 이기주의적인 제자는 양산될지 모르나 진정한 사역자는 얻기 힘들다. 목적보다도 수단이 앞서 가는 것은 스스로 부메랑 피해를 목회자 자신이 안게 되는 것이다. 멘토링에서는 예수님의 소수중심으로 따뜻한 인정을 베푸는 목회(Hightouch목회)로 전향할 때가 되었다고 본다.

(3) 셋째는 앞문도 활짝 열리고(Produtivity목회) 뒷문도 활짝 열려 있는 목회가 문제이다. 활발한 전도 활동을 통하여 새 신자들이 교회에 들어오게 하는 데는 목회자마다 제 실력을 충분히 발휘하고 있다고 본다. 그러나 문제는 기존 성도들에 대한 관리기술은 어쩐지 허술해서 뒷문으로 줄줄 새고 있는 현실이다. 멘토링에서는 멘토제도를 활용해서 교인 한 사람 한 사람에 만족 기법을 발휘(Humanity목회)하여 뒷문을 막아야 한다.

그러므로 미래의 모든 교회는 아무리 대형 교회가 나타난다 할시라도 성도 한 사람 한 사람을 돌볼 멘토십제도(Mentorship System)를 구축해야 한다. 이는 큰 교회 속에 작은 1:1 교회를 만드는 것과 같다. 이 1:1 팀은 디만 지리적인 공통점을 가지고 기계적으로 나눠진 하부 조직이 아니고 멘토로 하여금 교인의 욕구를 정

확히 진단하고 충족시킬 대안을 가지고 탄생되는 살아 있는 유기체 조직이 되는 것이다.

　오늘날 조직에 적용하는 멘토십(Mentorship)은 1:1(소수) 인간관계를 통하여 먼저 조직체 구성원을 높은 인성(Hightouch)과 첨단기술(Hightech)을 겸비한 고품질의 인재로 개발하는 제도이다. 또한 조직개발 전략으로서 멘토링은 학교의 인성교육·특기개발교육, 기업의 핵심인재개발·신입사원정착, 교회의 평신도 개발·1:1 제자훈련 등 각기 조직의 목표를 달성하고자 하는 조직개발 활성화 대안이다.

1. 맥킨지 컨설팅의 21세기 멘토링! 그 놀라운 힘

먼저 맥킨지 컨설팅 21세기 인재전략 리포트를 소개하면서 말문을 연다. 최근 저서 "인재전쟁"(세종서적 번역간)에서 "멘토링이 인재개발에서 놀라운 힘을 발휘하고 있다."고 극찬하고 있다. 어떤 이유에서일까? 다음과 같이 요약해서 소개한다.

이 책은 맥킨지 컨설턴트들이 5년에 걸쳐 77개 기업과 6,000명 이상의 관리자들을 대상으로 실증적 연구를 해 정성들여 쓴 "인재전쟁(The War for Talent)"이 21세기 인재전략 리포트로서 HRD 분야에서 각광을 받고 있다고 말하고 있으며 오늘날 기업마다 유능한 인재확보를 위해서 치열한 전쟁에 돌입했다는 것과 '인재'라는 이슈의 전략적 중요성과 최고경영자들의 태도변화가 중요하다는 점을 강조하고 있다.

특히 멘토링을 다룬 5장(43p분량) "조직에 인재개발을 정착 시켜라"에서 멘토링시스템을 조직에 제도화해야 한다는 점을 강조하면서 멘토링을 경험한 설문응답자의 말을 빌려 "멘토링이 인재개발에 놀라운 힘을 발휘하고 있다."고 말한다.

자료 1. 맥킨지의 멘토링 경험자의 놀라운 효과 설문 측정

맥킨지 저서 "인재전쟁"에서 멘토링 경험자들은 아래와 같이 설문에 놀라운 답을 하고 있다.

1. 멘토링 활동에 자신이 최선을 다했다－－－－－95%

2. 멘토링 후에 타사로 이직하지 않았다－－－－88%

3. 멘토링이 회사의 성공에 도움이 되었다－－97%

4. 멘토링 활동이 그들의 삶을 바꾸었다－－－－－50%

자료 2. 맥킨지의 멘토링 프로그램의 성공요건

1. 한 사람을 소중히 여기고 깊은 애정을 전달한다.

2. 멘토링 시스템을 제도화해야 한다.

3. 신중하게 멘토를 선정해야 한다.

4. 각각 사업단위로 멘토링 프로그램을 갖고 있어야 한다.

2. ASTD의 평은?

－멘토링은 기업에서 두 마리 토끼 — 지식경영, 학습조직 — 를 잡는 데 성공한 프로그램이라고 2003보고서에서 평을 하고 있다.

1) Mentoring System － ASTD 2003 결과 보고서

HRD 분야에서 세계 최고의 권위를 인정받고 있는 미국 산업 훈련 협회(ASTD)는 2년을 주기로 HRD에 관한 세부적인 결과보고서를 내고 있다. Mentoring System 분야에 대한 금년 보고서를 아래 내용으로 소개한다. 다양한 인재 개발 기법 중에서 타에 추종을 불

허하는 Mentoring System은 북미지역에서 21세기 최적의 인재 개
발 전략으로 자리매김을 하고 있다는 사실이다.

2) 결과 보고서 내용

(1) Knowledge Management(지식경영)에서 성공을 거둠

(2) Organizational Learning(학습조직)에서 성공을 거둠

(3) 회사가 구성원에게 배려해 준다는 의식이 들게 해 주어서
    회사에 대한 효과로

　　① 회사에 대한 충성도가 배가 되었으며

　　② 이직률 감소 효과가 현저히 나타났고

　　③ 전사적인 안목으로 의식 전환이 성장했으며

　　④ 사내 Networking이 활성화가 되었음

　　⑤ 전략적 사고로 업무를 다루는 의식이 신장했음

3. 포춘지 설문 평은?

– 포춘지 500대 기업 임원 설문결과

96% "멘토링은 중요한 development tool이다."

75% "자신의 직업적 성공에 핵심적 역할을 했다."

71%의 포춘 500대 기업 및 비상장기업이 멘토링을 활용하고 있다.

77%가 "멘토링이 직원 이직방지 및 성과향상에 노움이 되었나."

60%의 대학/대학원 졸업생이 취업회사 선택에 고려 요소가 되었다.

4. CLC(Corporate Leadership Council美)

- 포춘지 500대 기업 중 60개 기업 이직률 설문조사
- 멘토링 미실시 기업 35%
- 실시 기업 16%

Theme 2

Mentor. 멘토 체계적 양성방법

멘토링 활동이 활성화되기 위해서는 조직에서 철저한 통제 및 관리가 아니라 적극적인 지원과 개발로 멘토가 자생력을 제대로 발휘할 수 있도록 지원하는 것이다. 특히 전통적인 멘토링과는 달리 조직에 적용되는 제도적 멘토링에서는 멘토를 체계 있게 개발하여 멘토에게 자부심과 책임감을 느끼게 하는 것이 성공의 지름길이다.

이 장에서는 멘토에 관한 원스톱 관리 서비스로 [멘토 체계적 양성방법 Best – 6]을 소개한다.

Best 1 멘토 개발 의미 Development

Best 2 멘토 풀센터 운영방법(MPC)

Best 3 멘토 자생력 개발 Self Scored

Best 4 멘토 체계적인 교육방법 Education

Best 5 멘토 동기부여 방법 Motivation

Best 6 멘토 인증제도 Certified Mentor

Best 1

멘토 개발 의미

한 사람을 소중히 여기는 멘토링(Mentoring)은 전통적 멘토링으로 인간관계 촉진을 통하여 개인 업무 능률을 향상시키고, 제도적 멘토링으로 인재 경쟁력을 확보하여 조직의 높은 생산 성과(High Performance)를 달성하고자 하는 것이 멘토 인재개발의 목적이다.

1. 멘토 역사적 유래

오디세우스(Oddyseus) 왕은 트로이(Troy)전쟁(BC 1250)에 참전하여 귀환하기까지 20여 년이라는 오랜 세월 동안 이타카 왕궁을 비웠다. 그리고 그가 집으로 돌아왔을 때, 멘토(Mentor)가 텔레마코스(Telemachus)를 지혜롭고 현명한 청년으로 키워 놓은 것을 보았다.

호머의 저서 그리스 신화(BC 800)는 바로 이 시에서 지혜와 예술의 여신 아테나(Athena)가 멘토의 형상을 띤다는 사실도 주목할 만하다. 이것은 우리가 이해하는 몇 가지 재미있는 가능성을 더해 준다. 예를 들면, 이 이야기는 오디세우스 왕의 귀환과 동시에 텔레마코스 왕자와 함께 원로 간신들과 대항하여 격렬한 싸움을 하는 것으로 끝난다.

그런데 싸움에 참가한 원로 간신들은 대부분은 오디세우스가 오 랫동안 집을 비운 사이 그의 왕비 페넬로페(Penelope)에게 강제로 청혼한 사람들이었다. 아버지와 아들과 군대의 결속력은 아주 강했 다. 그래서 그들은 다시 승기를 잡았을 뿐 아니라 적군의 진지를 완전히 쓸어버리겠다고 위협했다. 그러나 장수들이 적군을 쓸어버 리려 할 때, 아테나가 나타나 오디세우스에게 전투를 끝낼 것을 요 구한다.

"레이어티즈와 나이 든 신들의 아들 오디세우스여, 땅의 길들과 바다의 길들의 주인이여, 당신에게 명하라. 이 전투를 여기에서 그 치라고. 그렇지 않으면 넓은 세상을 보시는 제우스(Zeus)께서 화내 시리라." 그는 그녀에게 수종했네, 그의 마음은 기뻤다네. 후에 두 진영은 그들의 중재자를 통해 곧 폭풍구름을 방패로 가지신 제우 스의 딸 아테나를 통해 평화의 맹세를 하였다네. 하지만 그녀는 여 전히 멘토의 형상과 목소리를 가졌다네.

그러므로 멘토는 평화유지, 중재, 공동체의 보존과 관계있는 것으 로 보인다. 병사들이 그의 말에 귀를 기울인다. 그는 싸움 위에 서 있다. 그리고 그의 지혜(또는 아테나의 지혜)가 그날을 다스린다.

요점은 멘토가 우리가 쓰고 있는 은유적 용어인 스승(Mentor)이 라는 말의 기원이라는 것이다. 모든 묘사적인 언어처럼 멘토는 사 람들에 따라 각기 다른 의미를 가진다. 멘토는 주인, 인도자, 본보 기, 지도자, 선생, 아버지 같은 사람, 트레이너, 가정교사, 조언자, 상담자, 코치일 수 있다. 그리고 그 외에도 더 많은 가능성이 있으 므로 멘토 역할의 정확한 정의는 인간경영을 주도하는 리더(Leader),

즉 포괄적인 존재라고 말해야 할 것 같다.

2. 멘토 개발의 의미와 필요성

1) 멘토 개발의 의미

멘토 개발의 의미는 먼저 개인 자신은 물론 조직이 바라는 바람직한 멘토로 개발 육성하려는 것이다.

이제부터 멘토 개발이라는 것이 개인과 조직의 입장에서 각각 어떤 의미를 지니며 바람직한 멘토상은 무엇인지에 대하여 알아보도록 하겠다. 아울러 멘토에게 동기부여를 통하여 자생력을 뒷받침할 수 있는 요소도 함께 다루기로 하겠다.

멘토 개발은 인재개발에 초점을 두고 있다. 사전적인 의미에서 개발(development)이란 일반적으로 사물이나 사람의 진보적인 변화를 통한 발전과 성장을 촉진하는 활동을 의미하는데, 특히 사람의 창의성과 자발성을 자극하고 자주적인 태도와 습관을 배양함을 말한다.

멘토 개발은 개인의 입장(인간성: Humanity)과 조직의 입장(생산성: Productivity) 모두에서 그 의미를 살펴볼 수 있다. 개인의 입장에서 개발이란 단기적으로는 개인 자신이 담당한 직무에 대한 태도, 즉 일에 대한 만족감이나 긍정적인 태도를 깆는 깃을 말하며, 장기적으로는 개인 스스로의 자기 정체감을 높이는 것, 즉 인간성 중심을 의미한다.

그리고 조직의 입장에서 개발이란 단기적으로는 조직의 성과에 기여할 수 있도록 개인의 능력과 자질을 향상시키고 성과를 제고하려는 것이며, 장기적으로는 조직 환경변화에 대한 적응력을 높이는 것, 즉 생산성이다. 이런 점에서 볼 때 멘토 개발은 개인과 조직 사이의 적합성(person – organization fit)을 높여 개인의 인간성 목표와 조직의 생산성 목표가 합치될 수 있도록 하는 활동이라고 할 수 있다.

따라서 개인수준에서 초점을 두고 있는 멘토 개발이란 조직에서의 개인, 즉 인적 자원을 대상으로 개인이 자신은 물론 조직에서 바라는 바람직한 리더(Leader)로 성장할 수 있도록 개인과 조직 모두가 노력하는 활동이라고 정의할 수 있다.

이처럼 멘토 개발이 인재개발에 초점을 두는 이유는 조직이 활동할 수 있는 자원은 여러 가지가 있겠으나 그중 인적 자원을 조직의 근본적이고 가장 중요한 자원으로 전제하고 멘토 개발에서 멘토를 어떻게 개발하고 활용하는가 하는 문제가 멘토 개발의 성공 여부를 좌우하는 관건으로 여기기 때문이다.

따라서 멘토 개발이란 조직구성원에게 조직이 요구하는 가치개발을 할 수 있도록 조직이 지원함은 물론 개인 스스로가 노력함을 포함한다. 멘토 개발은 사람을 돈이나 물자처럼 취급하여 일방적으로 조직이 바라는 대로 변환시키고자 하는 것이 아니라 개인의 욕구, 개인의 인생설계, 개인의 가치관, 개인의 존엄을 존중하면서 동시에 조직이 추구하는 목표를 일치시키고자 하는 데에 초점을 두고 있는 것이다.

이러한 멘토 개발의 의미는 이른바 인적 자원 포트폴리오를 통

해 더욱 분명하게 이해할 수 있다. 인적 자원 포트폴리오 관리도
(human portfolio management grid = BCG 컨설팅 제공자료)에서 볼
수 있는 바와 같이 조직에서 능력이나 업적이 모두 낙후되어 있는
결격사원(deadwood), 능력은 있으되 낮은 성과를 보이는 문제사원
(problem employee), 능력은 낮을지라도 성과가 높은 잠재사원(work
horses)들이 있게 마련이다.

특히 잠재사원과 문제사원은 기업에서 대다수 인력을 차지한다.
멘토 개발이 이러한 구성원들을 능력 면에서나 업적(성과) 면에서
뛰어난 스타(star)와 같은 우수사원 멘토로 양성하려는 것이다.

멘토 개발은 조직구성원들 중 유능직원은 더욱 유능한 직원이
될 수 있도록 능력개발과 업적향상의 기회를 부여하고 지원하려는
것이며, 특히 조직구성원의 대다수를 차지하고 있는 문제사원이나
잠재사원이 유능한 리더로 성장하도록 조직의 지원과 개인의 노력
을 촉구하는 데에 그 특징이 있다.

결격사원에 대해서는 해고시킨다는 식의 단순한 발상을 하는 것
이 아니라 이들을 개발과 육성의 대상으로 인식하고 멘토의 지도
를 통하여 유능한 멘토가 될 수 있도록 성장의 기회를 제공하고 스
스로 노력을 기울이도록 지원하는 것이다.

멘토 개발은 현재의 유능한 인재만을 아끼고 존중한다는 의미에
서가 아니라 능력과 업적이 부족한 사람들도 더욱 발전적인 방향
으로 이끌고 지원한다는 점에서 그 의미가 있는 것이다.

이처럼 멘토 개발이 인재개발을 촉진하고자 하는 것은 인간잠재
력(human capabilities)과 그 중요성에 대한 믿음을 기초로 하기 때
문이다. 결국 멘토 개발은 사람의 잠재능력을 키우면서 그 능력을

발휘할 수 있는 기회를 공정하게 제공함으로써 조직의 성장과 발전을 추구하는 개발지향적 조직목표를 달성하고자 하는 것이다.

2) 멘토 개발의 필요성

향후 조직이 지속적으로 성장 발전하기 위해서 조직은 구성원 개개인으로 하여금 업무수행기량의 향상을 통해 직무를 성공적으로 수행하여 경영성과의 향상을 가져오도록 지원하고, 개인은 자신의 미래를 대처하고 책임질 수 있는 리더로 키울 수 있는 경영활동을 스스로 수행하여야 한다. 여기에서 멘토 개발은 다음과 같은 필요성을 가지고 있다.

첫째, 멘토 개발은 조직구성원들 간에 그리고 개인과 조직 간에 상호 신뢰의 풍토를 정착시킬 수 있다.

사람을 개발하고 육성한다는 것은 조직구성원들이 상호유기적인 업무협조 체제를 가질 수 있도록 만든다는 의미다. 또한 개발을 통해 조직은 개인들이 자신의 업무를 성공적으로 수행할 수 있으리라는 믿음을 기초로 업무를 맡길 수 있게 되고, 이를 통해 개인과 조직은 상호 신뢰를 할 수 있게 되는 것이다.

둘째, 멘토 개발은 개인과 조직 목표를 합치시킬 수 있다.

개인은 자기개발을 통해 조직에서 바라는 인재가 됨으로써 자기성장욕구를 충족시키고, 조직과 사회에 공헌할 수 있기를 바라며, 조직 역시 훌륭한 인재의 확보와 육성을 통해 조직의 성장발전을 이루고자 한다. 인재개발을 통해 개인의 성장과 발전을 촉진함으로써 조직의 성과를 높일 수 있는 것이다.

셋째, 멘토 개발은 조직과 자기업무에 대한 호의적인 태도를 갖고 바람직한 행동을 하는 멘토를 개발하는 것이다.

즉 멘토 개발은 개인이 일에 대한 건전한 가치관 및 행동방식을 갖도록 하고 이것을 조직구성원들 간에 공유되도록 한다. 그 결과 조직구성원들은 자기조직에 대한 강한 소속감과 자부심 및 높은 업무의욕을 가지고 상호 협동하여 일을 열심히 할 것이다. 또한 신입원(New Comer)이 조직문화적 가치관 및 행동방식에 적응하여 조직의 일원으로 정착되도록 함으로써 개인과 조직 간에 상호 적합성을 제고시킨다.

넷째, 멘토 개발은 구성원의 개인역량을 배양함으로써 타 조직이 모방할 수 없는 기업의 내부적 핵심역량을 개발하는 활동이다.

기업경쟁력의 원천은 물질적 경제적 차원과 정신적 사회적 차원으로 나눌 수 있는데, 사회적 차원에서의 여러 가지 원천 중에서 가장 중요한 것이 사람이라고 할 수 있다.

사회적 차원의 경쟁우위의 요소는 사회적 자원(social resources)이라고 하는데, 여기에는 조직문화라든가 인적 자원관리 관행 등 사람과 불가분의 관계에 있는 것들이 포함된다. 이러한 사회적 자원은 가치성, 희귀성, 모방 불가능성, 대체 가능성의 부재라는 점에서 한 조직 고유의 역량이며 인재경쟁력인 것이다.

이처럼 멘토 개발은 조직의 인재경쟁력 제고의 출발점이 된다. 최근 조직 간 경쟁이 격화되고 주로 소프트한 측면들이 경쟁우위의 요소가 되고 있는 상황에서 '인재의 차이'가 그대로 '조직의 차이', '성과의 차이'로 나타나고 있기 때문에 조직이 성공하기 위해서는 그 어느 때보다도 우수한 멘토 개발의 필요성이 절실히 요청되고 있는 것이다.

3. 멘토 개발 5가지 기준

멘토를 구체적인 핵심인물로 개발하는 데 5가지 기준을 설정하고 그에 따라 핵심인물로 개발하는 방법을 다루도록 하겠다. 멘토들이 시간을 어디에 써야 할지를 궁금해할 수도 있다. 그러므로 회사의 핵심그룹 속에 다음 다섯 가지 형태의 멘토들을 확보할 수 있도록 노력하여야 한다. 이 다섯 가지 형태의 멘토는 회사에 놀라운 가치를 부여해 줄 것이다.

1) 잠재력의 가치 – 자신의 능력을 개발하는 멘토

모든 리더들이 가져야 하는 첫 번째 능력은 자기 자신을 지도하고 동기부여를 주는 능력이다. 당신의 눈을 이런 잠재력을 가진 멘토를 보기 위해 넓게 열라.

2) 긍정의 가치 – 조직의 사기를 진작하는 멘토

조직에서 피스메이커(Peace Maker)로써 다른 사람을 세워주고 조직의 사기를 높여주는 사람, 즉 멘토(Mentor)는 무한한 가치가 있는 사람이다. 그들은 핵심그룹에 속할 수 있는 훌륭한 자산을 가진 사람들이다.

3) 인격의 가치 – 멘제를 멘토로 개발하는 멘토

어느 사람이 나에게 이렇게 말했다. "맨 위에 있는 사람은 외롭다. 그러므로 당신이 왜 거기에 있어야 하는지를 잘 아는 것이 좋다." 멘토는 무거운 짐을 지고 가는 사람이라는 것은 사실이다. 사실 앞에서 일할 때, 멘토는 사람들의 손쉬운 표적이 될 수 있다. 그러나 홀로 그 짐을 지려고 해서는 안 된다. 그래서 우리는 이렇게 말할 수 있다. "맨 앞에 있는 사람은 외롭습니다. 그러므로 다른 사람과 그 일을 함께 하시오."

멘제를 세워주는 사람보다 더 좋은 사람이 어디에 있겠는가? 그 사람이 예스맨으로서가 아니라 동역자요 든든한 후원자일 때 말이다. 멘제를 향상시켜 줄 수 있는 핵심인물인 멘토로 그룹을 형성할 수 있도록 노력하자.

4) 생산의 가치 – 다른 사람을 세워주는 멘토

다른 사람을 리더로 세워주는 능력을 가진 멘토는 당신의 핵심그룹에서 대단히 중요한 인물들이다. 이러한 멘토에게 핵심역량은 바로 멘토십으로 무장하는 것임을 알아야 한다.

5) 인정의 가치 – 다른 사람들을 세워주는 리더를 기르는 멘토

어느 것보다도 소중히 여겨야 할 가치는 다른 리더들을 자신과 같은 멘토로 길러주는 리더, 즉 멘토의 가치이다. 이 가치는 다양한 리더십을 발생시킨다.

1. 멘토 풀센터 운영

1) MPC 의미

「Mentor Pool Center＝MPC」의 약자로서 멘토링 활동에서 성공 여부를 좌우하는 멘토(Mentor)를 양성, 관리, 활동의 활성화를 주관하는 회사 지원기구를 말한다.

2) MPC 운영 목적

멘토의 특수성을 살려 활성화 대안을 마련하고 체계 있게 관리하여 조직의 혁신을 유도하는 데에 목적이 있다.

(1) 특수성을 살린다	(3) 체계 있게 관리한다
(2) 활성화 대안을 마련한다	(4) 조직혁신을 기도한다

3) MPC의 위치

조직 내 멘토링위원회 소속에서 멘토링을 적용하는 팀에서 업무를 수행한다.

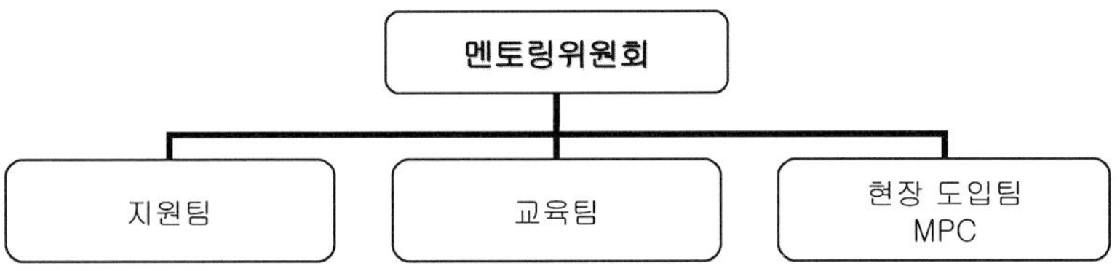

4) MPC 구성원

센터장(실장이나 팀장) 1명과 사무보조원 약간 명으로 하고 멘토링 사역을 원하는 우수 멘토 중에서 선발하여 구성한다.

2. 센터에서 멘토 관리 8단계

각 조직의 상황에 따라 멘토의 기준을 설정하여 멘토 풀에 등록하고 등록된 멘토를 대상으로 교육·훈련시키면서 항상 멘토를 관리할 수 있도록 아래 8단계(Step)에 따라 전문적으로 관리한다.

Step 1. 멘토 자격기준 설정
1) 멘토로서 가장 적절한 덕목이 무엇인지를 각 조직의 문화 등을 고려하여 선정한다.
2) 멘토의 자격 기준은 일반자격/업무(전문)자격으로 구분하여 기준을 설정한다.
 · Attributes/Antecedents/직책/전문 분야/기타 특성 등

Step 2. 멘토그룹 선정 - 풀에 등록

1) 멘토로서의 자격기준을 평가하여 멘토그룹을 선정하여 멘토 Pool에 등록한다.

2) 멘토는 기술/업무/전문 분야별로 구분하여 관리한다.

 (1) 멘토 선발 특성

　① Aged(나이) - 이왕이면 나이가 든 사람이 좋다.

　② Carreered(경력) - 이왕이면 경력이 많은 사람이 좋다.

　③ Knowhowed(노하우) - 이왕이면 노하우를 가지고 있는 사람이 좋다.

　④ Leadershiped(리더십) - 이왕이면 리더십을 갖춘 사람이 좋다.

　⑤ Personalityed(인격) - 이왕이면 인격을 갖춘 사람이 좋다.

조직의 상황에 따라 멘토의 기준을 설정하여 멘토 풀에 등록하고 등록된 멘토를 대상으로 교육·훈련시키면서 항상 멘토를 관리할 수 있도록 아래 8단계(Step)에 따라 전문적으로 관리한다.

 (2) 멘토 선발 기준

　① 멘토는 한 개인을 지원하고 그 사람의 성장에 관여하는 사람이다. 구체적으로 멘제의 인간가치를 업그레이드시키는 사람이다.

　② 멘토는 상급자로서가 아닌 한 사람으로서 멘제 개인을 염려한다.

　③ 멘토는 멘제 한 개인의 업무만이 아닌, 삶의 전반적인 발전을 돕는다.

　④ 멘토는 권한이나 권력을 기반으로 하는 관계가 아닌, 특수 관계를 멘제와 맺는다. 멘토는 멘제의 말을 경청하고 질문

을 받고 나서야 조언을 한다. 개인적인 판단이나 비난을 배제한 뒤 멘토의 조언이 이루어질 것이다.

⑤ 멘토는 무엇보다도 인간관계에 초점을 맞춘다. 멘토가 멘제와 맺은 관계에는 어떠한 사적인 이권이나 멘제에 대한 위기적인 사항도 있어서는 안 된다. 멘제 개인의 발전을 바라며, 애초에 멘제의 편에서 관계가 시작되기 때문이다.

⑥ 멘토는 신뢰받는 친구이자 선생님이며 안내자이고 역할 모델이다. 멘토는 멘제에게 전달하고자 미리 준비된 지식을 소유하고 있는 전문가이거나, 적어도 자신의 분야에서는 어느 정도 지위에 오른 사람이고, 주변 동료들에 의해서도 그렇게 인정받는 사람이다.

⑦ 멘토는 본래 멘제의 특성과 잠재력을 개발하며, 경쟁이 아니라 도와주는 존재다. 멘토는 인내심을 가지고 자신을 돌보는 멘제에게 도전하도록 권하며, 나름의 견해를 가지고 열의를 보여준다. 또한 미래에 대한 포부를 가지고 있으면서도 현재의 명확한 초점을 유지한다.

⑧ 멘토는 자신이 선택한 회사와 고용관계, 공적인 거래 또는 직업에 대한 소명의식을 가지고, 회사를 사랑한다. 동시에 회상의 취약점을 인정하고 멘제가 그 취약점에 대치할 수 있게 건설적으로 도와준다.

(3) 멘토 선발방법

① 지원제 - 본인이 지원하고 멘토 추천위원에서 심의하여 선정하는 방법으로 가장 좋은 방법이다.

② 추천제 - 부서원이나 부서장이 추천하여 심사를 거쳐 결정

하는 방법이다. 가능한 부서원의 무기명 투표로 결정하는 방법이 부서장이 직접 추천하는 것보다는 효과적이다.

③ 임명제 - 1과 2로 선발이 어려울 때 가장 비효율적인 방법으로 문서 임명으로 선발하는 것이다. 이는 타의에 의한 방법임으로 가능한 피하는 것이 좋다.

위 3개 항목으로 선발되는 과정에서 특히 추천위원에서는 회사 인사평사자료를 참작하여 가장 우수한 사원을 멘토로 최종 선발하는 것을 잊지 말아야 한다.

(4) 멘토 선정 체크리스트

① 리더십을 발휘할 수 있는 자신이 있는가?

② 사람 중심(VS 업무 중심)의 행동 형태인가?

③ 경청과 지도 모두 가능한가?

④ 사내 조직에 관한 지식과 경험이 있는가?

⑤ 조직 내에서 리더 경험이 있는가?(자치회임원, 동아리운영자, 팀장 등)

⑥ 멘제와 다른 분야에서 성공경험이 있는가?

⑦ 조직 밖에서도 발이 넓고 칭찬의 대상이 되는가?

⑧ 자신의 전문 업무 외에서도 성장을 지원할 생각이 있는가?

⑨ 팀워크를 다져 업무를 수행할 수 있는가?

⑩ 위험하다고 생각될 때 인내력을 발휘해서 지켜보는 도량이 있는가?

Step 3. 멘토 양성

1) 멘토로 등록된 사람들을 각 단계별로 교육·훈련 프로그램을

작성하여 훌륭한 멘토로 개발한다.

2) 멘토의 교육·훈련은 멘토로서의 자질, 소양, 자세, 전문 분야
를 주제로 관련 교육(멘토링 원리, 멘토의 역할, 멘토리더십,
멘토/멘제 기술, 인재개발 게임, 사례연구 등)에 대하여 철저히
실시한다.

Step 4. 멘토그룹 활동

1) 멘토/멘제의 활동 기간을 6개월, 12개월, 24개월 등으로 명시
한다.

2) 멘토/멘제의 주간 미팅 등 개인 활동에 관한 프로그램을 제공
한다.

3) 멘토/멘제가 전원이 활동하는 그룹에 특별 프로그램을 제공한다.

Step 5. 멘토그룹 평가

1) 멘토 Pool에 등록된 요원들을 수시로 [멘토 자생력 개발 진단
도구] 등으로 평가하여 멘토로서의 진정한 자격 여부를 항상
확인한다.

2) 평가결과 부진한 부분을 재교육하고, 자격 미달의 경우 차기
멘토링 활동에서 제외한다.

Step 6. 평가기준 설정

1) 멘토링 프로그램 종료 후 또는 멘토 Pool에 등록되어 있는 동
안에 실시할 각각 멘토와 멘제의 평가기준을 나린한다.

2) 멘토/멘제의 인격지수개발(Star Game) 등을 채택하여 성장성/

종합평가 기준을 마련한다.

Step 7. 평가실시

1) 평가기준에 의하여 멘토와 멘제를 평가한다.

2) 평가목표는 멘토 및 멘제에 대한 보상(보수/신분)과 멘토의 자
   격성 여부 및 인사고과에 반영할 자료를 위한 것이다.

Step 8. 보상시스템 구축

1) 멘토링에 의한 보상시스템을 만들어 멘토링을 조직은 물론 자
   신의 성공을 위한 모티브로 활용토록 한다.

2) 멘토링 결과를 인사고과 정책에 반영하는 경우 그 체계를 만
   든다.

3. 멘토 활성화 지원 7대 기능

1) Monitoring 기능   5) Manager 기능

2) Research 기능   6) Coordinate 기능

3) Suggestion 기능   7) Role Modeling 기능

4) Ombusman 기능

1) 모니터링(Monitoring) 기능

멘토가 어떻게 일하는지 Check List를 가지고 멘토링 활동 기간

에 계속 지켜본다. 그리고 그가 어떻게 일하고 있는지에 대해 피드백을 주자. 가능한 많은 칭찬을 주라. 그리고 새로운 멘제와의 관계에 대해 어떻게 느끼고 있는지, 어떤 좌절감이나 제안이 있는지에 대해 물어보라.

2) 의견조사 – 리서치(Research) 기능

조직구성원의 의견조사(research)는 멘토링 활동의 중요한 영역에 있는 조직구성원들의 태도나 의견에 관한 정보를 모으는 것이다. 이러한 조사결과가 조직구성원들과 함께 공유되고, 조직을 변화시키는 기초로 사용될 때는 훨씬 효과적인 커뮤니케이션 개선방안이 될 수 있다.

3) 제안(Suggestion) 기능

제안제도(suggestion system)란 조직구성원의 제안을 활성화하기 위하여 곳곳에 제안함을 설치하여 조직에 도움이 되는 제안에 대해서는 포장을 하는 제도이다.

4) 민원조사원 – 옴부즈맨(Ombusman) 기능

옴부즈맨(ombusman)이란 민원조사원을 말하는 것으로서 스칸디나비아에서 주로 사용되어 온 제도이다. 이는 행정기관으로부터 인권침해나 부당한 대우를 받은 사람에게 분노의 배출구를 제공한다는 개념에서 비롯되었는데, 옴부즈맨제도(ombusman system)란 조직

에서 구성원의 불만사항이나 고충을 처리해 주는 사람을 두는 제
도이다.

5) 멘토임원 – 매니저(Manager) 기능

멘토임원제란 젊은 구성원들의 참신한 아이디어나 건설적 제안
을 발굴해 조직운영에 반영하는 한편, 실무직원의 의견을 여과 없
이 상부층에 전달하는 시스템을 제도적으로 확보함으로써 상향적
커뮤니케이션의 기반을 조성하고, 그들에게 여러 분야에 대하여 경
험과 지식을 습득시켜 궁극적으로 지도자적 자질을 갖춘 인재양성
의 목적을 갖는 제도이다.

6) 의견조정자 – 코디네이트(Coordinate) 기능

조직 내의 의견을 조정하는 자를 둠으로써 상향적 의사결정이
누락, 왜곡되는 것을 방지하거나 과다한 정보에 관한 우선순위를 결
정하는 것과 같은 조정업무를 맡길 수 있다. 조직은 또한 의사결정
전문가들을 채용하여 그들로 하여금 의사전달체계를 개선시키고 조
직구성원에게 의사전달에 관한 훈련을 실시하도록 할 수 있다.

7) 역할모델링 기능

역할모델링(role Modeling)은 멘토링에서 멘토가 모범적인 역할
행동을 보여줌으로써 멘제가 그 행동을 모델로 하여 따라할 수 있
도록 하는 것으로서 百聞이 不如一見이라는 말처럼 조직구성원들

에게 직접 보여주는 커뮤니케이션 방법이다. 이러한 역할모델링은 구성원 간의 역할을 모델화함으로써 역할 모델모호성이나 역할 갈등을 제기할 수 있다. 멘토의 기준을 설정하여 멘토 Pool에 등록하고 등록된 멘토를 대상으로 교육·훈련시키고 Benchmarking하여 항상 멘토를 관리한다.

멘토 자생력 개발

1. 멘토 8자질 개발

멘토링을 연구했던 대부분의 학자들은 멘토에 대한 정의를 내리는 데 어려움과 혼동을 겪고 있다는 것이다. 이 말은 멘토라는 말은 어떤 한 단어 혹은 한 문장으로 쉽게 정의내릴 수가 없다는 것이다.

멘토라는 단어 안에는 여러 종류의 의미가 내포되어 있는데, 예를 들면 교사, 인생의 안내자, 본을 보이는 사람, 후원자, 의욕을 고취시키는 사람, 비밀까지도 털어놓을 수 있는 사람, 스승 등이 있다.

어떤 사람이 멘토로 불리기 위해서는 이들 중 적어도 서너 가지의 자격을 갖춘 사람이어야 한다. 한 문장으로 정의를 내리자면 멘토는 '상대보다 경험이나 연륜이 많은 사람으로서 상대방의 잠재력을 볼 줄 알며, 그가 자신의 분야에서 꿈과 비전을 이루도록 도움을 주며 때로는 도전도 줄 수 있는 사람', 결론은 '전인적인 삶의 조언자'라고 할 수 있다.

그러면 누가 멘토가 될 수 있는가? 멘토의 자질은 무엇인가에 대해 알아보기로 하자. 멘토는 누구나 될 수 있지만 아무나 될 수는 없겠다. 거기에는 몇 가지 자질이 요구된다.

1) 멘제의 인격을 존중하는 사람(Personal Respect)

멘토는 멘제를 하나의 진정한 인격으로 대하는 사람이다. 상대방을 자신의 목적을 위해 이용하려는 사람, 즉 정치적인 의도가 다분한 사람은 멘토의 자격이 없다. 20세기의 위대한 사상가 마틴 부버는 이것을 지적하여, 상대방을 수단으로 보는 것은 '나와 그것(I - It)'의 관계라고 말한다. 그러나 멘토는 상대방을 자신과 동등하게 존중받아야 할 인격체로 이해하며, 가면을 벗고, 상대방을 조정하려는 자세를 버린다. 이러한 때 진정한 관계가 성립되고, 부버가 강조하는 '나와 너(I - Thou)'의 관계로 발전된다.

2) 멘제에게 긍정적인 사람(Peace Maker)

멘토는 평소 삶이 긍정적 자세인 사람이며, 마음이 열린 사람이다. 멘토는 마치 부모나 가족과 같아서 자신의 멘제에게 일관된 관심을 줄 수 있어야 하는데, 삶을 보는 시각이 부정적이거나 마음이 닫힌 사람은 멘토로서는 자격이 결여된다.

3) 멘제의 특성과 잠재력을 볼 줄 아는 사람(Potential Power)

멘토는 멘제가 지닌 적성을 볼 수 있는 사람이다. 멘토는 보통 멘제보다 세상경험이 많은 사람이다. 그 분야에서 이미 시행착오를

겪은 사람이다. 그리고 상대방의 장점을 극대화시키며, 상대방의
단점을 극소화시킬 수 있는 안목이 있다.

4) 멘제와 의사소통이 능한 사람(Communication)

멘토는 의사소통에 능한 사람이다. 같은 말을 해도 상대방에게
부정적인 표현 등을 통해 부담을 주는 것이 아니라, 힘과 용기를
줄 사람이다. 그리고 중요한 것은 상대방의 견해를 소화하는 열린
귀가 있는 사람이다.

5) 조직에 대한 올바른 가치관(The View of Value)을 가져야 한다.

먼저 멘토는 자신이 조직의 배려로 오늘과 같은 가치 있는 구성원
으로 업그레이드되었음을 인정하고 이러한 조직에 대한 올바른 가치
관을 가지고 멘제에게 자신이 소유한 정보, 지식, 업무 등, 즉 가치
를 제공할 경우, 멘제는 멘토에게 좀 더 호의적으로 다가올 수 있다.
회사가 멘토인 나를 키워주었으므로 나는 대신 멘제를 키운다.

6) 핵심역량(Competency)과 업무의 다양한 전문성을 갖춰야 한다.

멘토는 개인의 노력이나 조직의 지원을 통하여 소유한 역량
(Competency)과 다양한 전문지식을 멘토링 활동에서 멘제와의 자율
학습향상, 업무조기숙달, 경력개발, 지식경영 등에 최선을 다하여
발휘함으로써 멘토링 목표를 성공적으로 달성하는 데 기여할 수
있다.

2. 멘토 역할 개발

유능한 멘토는 멘제의 상황에 따라 자유자재로 대응방법을 바꿀 수 있는 역량을 필요로 한다. 이러한 멘토가 되기 위하여 갖추어야 할 5가지 역할 멘토십 스킬을 소개하면 교육(Teaching)에 대한 스킬, 상담(Counseling)에 대한 스킬, 지도(Coaching)에 대한 스킬, 후원(Sponsoring)에 대한 스킬, 그리고 조정(Confronting)에 대한 스킬이다.

그리고 목표는 한 가지, 멘제의 능력을 개발하고 창의력을 살려 개인적으로는 리더로서 성장할 수 있도록 하며 결국은 조직에 공헌함으로 조직의 목표인 인적 경쟁력을 확보할 수 있도록 하는 것이다.

1) Teaching(교육) – 가르치는 교사의 역할(IQ부문)이다.

교육을 실시하는 것은 멘제에게 테크닉을 주입시키는 것이 아니다. 교육의 근본은 '너는 우리 가족이다', '너는 해낼 수 있다'는 의식을 깨우치는 것이다. 이 기본만 확실히 되어 있다면, 이후의 기술 습득과정은 60%~90% 단축된 것이나 다름없다. 왜냐하면 이 자각이 학습의욕을 불러일으키기 때문이다.

그러나 유의해야 할 점은 '교육'과 '지시 내리는 것'을 혼동하여서는 안 된다. 교육이 일방적인 지시가 되어서는 안 된다는 것이다. 적절한 도구와 행동의 자유를 주어 스스로 해 보도록 하고 결과에 관하여 구체적이고 솔직한 피드백을 해 줌으로써 잠재능력을 향상시키는 것이다. 그러한 잠재능력을 누구나 갖고 있다는 굳은 신념에 입각하여 행동하는 것, 이것이 교육의 진수이다.

2) Counseling(상담) – 들어주는 상담자의 역할(EQ부문)이다.

이제 멘토로서 상담 스킬을 다룬다. 멘토로서 카운슬러의 역할은 멘제가 실력을 마음껏 발휘하는 것을 가로막는 문제를 이해시키고 그 문제의 해결에 도움을 주는 것이다. 시간을 가지고 인내심을 지녀야 한다. 물론 더러는 30분만 들이면 해결할 수 있는 것도 있다.

정보부족이나 단순한 오해에서 비롯된 문제는 쉽게 풀린다. 그러나 훌륭한 기술을 가지고 있음에도 불구하고 팀플레이를 주저하는 멘제를 설득하여 다른 사람과 협력하도록 만들기 위해서는 며칠이나 몇 개월이 걸릴지도 모른다. 카운슬링이란 이러한 여러 가지 문제 상황을 해결해야 하는 '감초'인 것이다.

3) Coaching(코치) – 같이 뛰어주고 친목교제를 나누는 코치의 역할이다.

업무를 다루는 코칭과 달리 여기에서 멘토링 코칭(Coaching)은 일반적으로 멘제를 온전한 조직원으로 만들고 적극적으로 조직에 참여하도록 정서적인 친목을 유도하는 것이다.

구체적으로 말하면, 멘제와 친목 교제를 하는 것, 즉 업무 가운데서 신뢰를 유지하는 것, 활력을 부여하는 것, 반면 멘제와 업무를 떠나서 인성적인 차원에서 등산, 외식, 영화, 경기관람, 가정방문, 서점방문 등으로 친목을 통하여 마음이 하나가 되는 것이다.

4) Sponsoring(후원) – 추천하고 신분을 보증해 주는 후원자 역할
  이다.

후원이란? 강력한 훈련을 실시하여 용기를 북돋아 준 다음 멘제가 자신의 힘으로 학습을 수행할 수 있도록 여러 조건을 마련해 주는 것이다.

멘토 후원자는 멘토가 실력을 마음껏 발휘할 수 있도록 장애물을 제거하여 홀로 설 수 있도록 한다.

후원이란 원 투 원(One to One)으로 멘제의 자립성을 개발하는 것이다. 멘토는 멘제의 가이드인 것이다. 멘토는 멘제를 자신의 생각대로 움직이게 하고 싶은 충동에 휩싸이기 마련이다. 그렇지만 이 충동을 뿌리치는 것이 후원자로서 지녀야 할 중요한 마음가짐 중의 하나이다.

멘제와 그 후원자 멘토는 이 기본원리를 제대로 수행할 수 있어야 비로소 승자로 살아남을 수 있다. 멘토로서 후원자는 자발적으로 후원대상자인 멘제의 활동, 행복, 진보, 성취, 개인적 문제, 장래 희망 등등에 적극적인 관심과 긍정적이면서 남에게 칭찬을 아끼지 말아야 한다.

5) Confronting(조정) – 맞대면하여 업무 보직 적응력에 대한 불만
  을 해소한다.

멘제의 적응력과 업무 능률을 올리기 위하여 멘토는 모든 수단으로 지원하지만, 효과가 나타나지 않을 경우 멘제의 업무 보직 상급자까지도 조정을 해 줄 필요가 있다.

그 경우에는 다른 방책을 진지하게 고려할 필요도 있다. 중요한 것은 방관하지 말고 문제를 정면에서 보고 조정해야 한다. 달리 어떤 해결 방법이 있는지 명확히 하고 선택의 폭을 넓히는 것이다.

3. 멘토 자생력 개발

멘토링 활동에서 성공률을 높이기 위한 필수적인 조건이 멘토의 자생력을 길러주는 것이다. 특히 전통적인 멘토링과는 달리 조직개발 멘토링에서는 멘토의 리더십을 제대로 개발해 주어야 멘토링 활동에 열정을 바칠 수 있는 것이다. 아래 내용과 같이 조직의 적극적인 지원이 필요한 것이다.

1) 회사에서 지원과 배려사항

(1) 멘토는 조직 차원에서 사전에 멘토링에 관한 전문적인 교육을 수강해야 한다.

(2) 멘토는 조직 차원에서 멘토 풀센터 등으로 제도적인 지원이 필요하다.

(3) 멘토에게 조직에서 분명한 멘토링 활동 목표를 부여해야 한다.

(4) 멘토에게 동기부여를 사전에 제시하여 열성을 유도해야 한다.

2) 오늘날 왜? 멘토가 인기 있는 7가지 이유

(1) 멘토는 멘제가 삶의 전환기를 통해 성장하도록 돕는다.

(2) 멘토는 멘제의 기술을 증진시킨다.

(3) 멘토는 멘제가 소속한 팀을 세운다.

(4) 멘토는 멘제의 비전을 자극한다.

(5) 멘토는 멘제에게 사랑 안에서 진실을 말한다.

(6) 멘토는 멘제의 향상을 촉진한다.

(7) 교회멘토는 영적 여정 가운데 있는 크리스천 멘제를 인도한다.

3) 멘토 자생력 개발을 위한 3대 의식

(1) 멘토의 소명의식 – 멘토는 조직 CEO(BigLeader)의 위임을 받아 멘제를 질적으로 인재개발을 위한 작은 CEO(Small Leader)으로 소명의식을 갖는다.

(2) 멘토의 사명의식 – 멘제를 전인격(知 情 意)적으로 서비스하는 데 사명의식을 갖는다.

(3) 멘토의 창의의식 – 멘제와 활동 기간 동안 성장목표를 달성하는 데 창의의식을 갖는다.

■ 멘토 자생력 개발 자기진단표

아래 멘토의 자질 테스트는 자신의 자생력을 개발하는 자료임으로 상대를 의식할 필요는 없다. 멘토가 되는 것은 또 하나의 부름(Calling)이다. 이 소명에 충실하게 살려면 어떻게 해야 할까? 여기 훌륭한 멘토가 될 만한 몇 가지의 항목들이 있다. 월간이나 계간 등 주기적으로 점검한다.

* 멘토 자생력 개발 진단척도

1점 = 거의   2점 = 드물게   3점 = 간혹   4점 = 대부분   5점 = 언제나

구분	자기진단 설문 항목	평가				
		5	4	3	2	1
소명의식	1. 멘제를 위하여 관심을 갖고 주 1회 메일을 전송한다.					
	2. 멘제와 함께 모임에 참석하면서 궁금해하는 점을 설명해 준 적이 있다.					
	3. 멘제가 조직의 규정이나 규칙에 대해 가장 의문스러워하는 점이 무엇인지 알고 있다.					
	4. 종종 그와 함께 직장체험을 나눈다.					
	5. 내가 속해 있는 조직에 만족하며 다른 이에게도 권할 의향이 있다.					
	6. 조직의 구성원이 된 것에 감사하고 있으며, 멘토가 된 것도 나에게 주어진 사명이라고 생각한다.					
사명의식	7. 멘제와 함께 봉사활동을 할 의향이 있다.					
	8. 자신의 가족을 멘제에게 소개하고 식사를 함께한 적이 있다.					
	9. 그들이 직장에 나오기까지의 과정을 알고 있다.					
	10. 멘제의 애경사에 관심을 갖고 참석한다.					
	11. 멘제에게 힘겨운 일이 생겼을 때, 나는 그가 찾아올 수 있는 편안한 사람이라고 생각한다.					
	12. 멘제를 많이 두는 것보다, 한 사람일지라도 잘 돌보는 것이 더 중요하다고 생각한다.					
	13. 멘제가 관심을 보이는 자선단체나 봉사활동에 대해 조언을 해 줄 수 있을 정도의 지식을 갖고 있다.					
창조의식	14. 멘제가 최근에 했던 고민을 알고 있다.					
	15. 멘제의 가족 이름을 알고 있다.					
	16. 멘제가 존경하는 성인에 대해 알고 있다.					
	17. 멘제에게 학회 출판 자료나 전문서적 구입을 권한다.					
	18. 멘제와 함께 수련회나 야외 행사에 참여했거나 계획 중이다.					
	19. 조직의 관심사에 대해 멘제와 토론하며, 이때 주장을 내세우기보다는 그의 의견을 경청하는 편이다.					
	20. 가끔 직장 밖으로 나가서 그들과 함께 유익한 문화생활을 한다.					
계( )점						

4. 멘토 활동수칙 20

1) 한 번에 한 사람의 파트너와만 만나라.

  - 대량의 생산은 사람의 개발에 적용되지 않는다.

2) 개인적인 내용은 비밀을 유지하라.

  - 이것에 실패한 멘토는 사람과 신용을 모두 잃는다.

3) 겸손한 마음으로 나는 돕는 역할을 할 뿐임을 알라.

  - 자기를 주입하려 하지 말고 도우라. 그래야 상처가 없다.

4) 멘토 자신이 계속 훈련을 받으며 자라 가라.

  - 멘제는 우리의 자라는 모습을 통해 더 격려를 받는다.

5) 말보다는 삶으로 본을 보이라.

  - 멘제는 말보다 멘토의 삶을 통해 변화한다.

6) 상대방에 대한 진지한 사랑과 관심을 가지라.

  - 멘토링의 기술보다는 사람이 더 중요하다.

(7) 먼저 들어주고 자세히 관찰하라.

  - 잘 들을 때 멘제의 필요를 빨리 발견할 수 있다.

8) 시간과 약속을 잘 지키라.

  - 약속을 지킬 때 서로의 신뢰가 쌓인다.

9) 언어 사용에 주의하고 예의를 지키라.

  - 언어 사용은 멘토의 인격을 나타내 줄 때가 많다.

10) 물질과 시간을 투자하고 멘토링 활동에 최우선순위를 두라.

  - 투자하는 만큼 열매를 맺는다.

11) 멘토의 모든 활동은 모니터의 지도와 관찰을 받으라.

  - 멘토 자신의 멘토가 모니터임을 기억하라.

12) 함께 목표를 설정하라.

 - 목표가 없으면 두 사람의 만남이 방향을 잃기 쉽다.

13) 어떤 내용을 가지고 교제할지에 대해 정하라.

 - 미리 알 때 기대감이 생기고 준비가 된다.

14) 정규적인 만남을 가지라.

 - 정규적인 만남이 두 사람의 목표를 이룸에 크게 작용한다.

15) 기간을 정하고 시작하라.

 - 일정한 기간이 정해질 때 지루함이 방지되며 계획 설정에 도움이 된다.

16) 문제해결에 있어 성인이나 위인들의 말을 인용하라.

 - 성인들의 말을 인용할 때 멘제의 이해의 폭을 넓힌다.

17) 외적인 요소로만 사람을 판단하지 말라.

 - 외형이나 신분에 집착하는 것은 멘토링 활동의 실패원인이다.

18) 적극적인 자세를 가지라.

 - 소극적인 멘토는 멘제의 열심을 끌어내지 못한다.

19) 2, 3개월에 한 번씩 두 사람의 관계를 평가하라.

 - 정기적인 평가는 방향 설정을 재정립해 준다.

20) 멘토링 활동은 가능하면 동성끼리 하라.

 - 서로에게 이성을 느끼는 사이라면 피하는 것이 좋다.

5. 조직별 멘토 대상과 역할

[기업체 멘토는 누가 되는가?]

1) 대상

    (1) 경영자, 경영간부, 관리자급, 고참사원

    (2) 전문사원, 특기사원, 노하우 소유사원, 특허 및 지적 소유권 소지자

    (3) 학위소지자, 특별 자격증 소지자

    (4) 계열사 및 협력업체 임직원

    (5) 특별한 노하우 소지 퇴직사원

    (6) 국내외 컨설턴트

    (7) 국내외 첨단기술자

    (8) 담당학과 전문교수

2) 자격

    (1) 나이가 높고 삶의 경험이 풍부하며 도전의식이 있는 자

    (2) 경력이 많고 포용력이 넓고 헌신, 봉사정신 소유자

    (3) 업무에 대한 전문지식, 기술 Knowhow를 가진다.

    (4) 가능한 상급자로서 Leadership을 갖춘 자

    (5) 기업 내외부 사정에 밝고 모범, 우수사원으로 인정받는 자다.

3) 금기사항

    (1) 동성관계가 원칙이며 이성관계는 금한다.

    (2) 금전관계와 출세지향의 권력 이용은 금한다.

    (3) OJT 부문 외(外)에는 가능한 직속상급자는 제외한다.

4) 기업체 멘토는 어떤 역할을 하는가

    (1) 최선을 다하여 멘제의 전문성과 개인발전과 경력(career) 개
발을 돕는다.

    (2) 조직에 대한 철학, 목적, 목표, 전략, 구조, 회사의 흐름 등
을 이해시킨다.

    (3) 산업계의 변화, 발전, 경향 등을 전하고 도전과 기회를 제
공한다.

    (4) 시의 적절하게 멘제가 처한 상황에서 조언을 해 주어야 한다.

    (5) 멘제가 도전이나 벽을 만났을 때 충고보다는 격려와 위로
로 북돋아준다.

    (6) 멘제와 공식, 비공식적인 시간관계를 유지한다.

    (7) 부서 상급자(책임자)와의 사이에서 다리 역할을 한다.

[학교 멘토는 누가 되는가?]

1) 대상

    (1) 친척, 이웃사람, 학부모, 학교동문

(2) 학교교사, 과외교사, 학교교사, 학습지 교사

(3) 사회저명인사 Home schooling 교사

2) 자격

(1) 나이가 많고 삶의 경험이 풍부한 자

(2) 지식과 기술을 가진 자나 컴퓨터를 이해하는 자

(3) 운동이나 예체능의 특기를 가진 자

(4) 상대방을 폭넓게 포용할 수 있는 자

(5) 지도력을 갖추고 남에게 호감을 주는 자

3) 금기사항

(1) 동성관계가 원칙이며 이성관계는 금한다.

(2) 금전관계와 출세지향의 권력 이용은 금한다.

(3) 가능한 부모나, 담임교사(전교 멘토링 경우) 등은 제외한다.

4) 멘토의 역할

(1) 이모나 삼촌(아주머니, 아저씨)과 같이 삶의 이야기를 나눈다.

(2) 왕따, 학교생활, 가정생활, 친구관계 등에서 어려움을 이야
기한다.

(3) 즐거움(생일, 진급, 수상)이 있을 때 같이 나눈다.

(4) 학습부진의 경우에 서로 대안을 세운다.

(5) 가정과 학교 사이에서 대리인 역할을 해 준다.

(6) 지배의식을 갖지 말고 자유롭게 의사결정 기회를 준다.

(7) 이야기 내용을 경청하고 존중해 준다.

(8) 나보다 더 뛰어날 수 있도록 안내한다.

(9) 일방적이 아니고 서로가 도움이 될 수 있도록 상호관계를 유지한다.

[대학 멘토는 누가 되는가?]

1) 대상

(1) 친척, 이웃사람, 학부모, 학교동문

(2) 조교, 전임강사, 교수

(3) 사회 저명인사

2) 자격

(1) 나이가 많고 삶의 경험이 풍부한 자

(2) 자격증, 지적 재산권, 특허권 등 지식과 기술을 가진 자

(3) 운동이나 예체능의 특기를 가진 자

(4) 상대방을 폭넓게 포용할 수 있는 자

(5) 지도력을 갖추고 남에게 호감을 주는 자

3) 금기사항

(1) 동성관계가 원칙이며 이성관계는 금한다.

(2) 금전관계와 출세지향의 권력 이용은 금한다.

(3) 가능한 부모나, 담임교수(전교 멘토링 경우) 등은 제외한다.

4) 멘토의 역할

(1) 이모나 삼촌(아주머니, 아저씨)과 같이 삶의 이야기를 나눈다.

(2) 대학생활, 가정생활, 친구관계 등에서 어려움을 이야기한다.

(3) 즐거움(생일, 진급, 수상)이 있을 때 같이 나눈다.

(4) 학습부진의 경우에 서로 대안을 세운다.

(5) 가정과 학교 사이에서 대리인 역할을 해 준다.

(6) 지배의식을 갖지 말고 자유롭게 의사결정 기회를 준다.

(7) 이야기 내용을 경청하고 존중해 준다.

(8) 나보다 더 뛰어날 수 있도록 안내한다.

(9) 일방적이 아니고 서로가 도움이 될 수 있도록 상호관계를 유지한다.

[교회 멘토는 누가 되는가?]

1) 대상

(1) 교역자, 직분자

(2) 평신도 중에서 모범 및 우수한 자

(3) 청소년 중에서 모범 및 우수한 자

2) 자격

(1) 세례(침례)받은 자로서 교회생활에 밝고 신앙이 돈독한 자
(2) 사회생활에 모범을 보이고 교회에서 존경받는 자
(3) 성경지식에 밝고 1:1 제자훈련에 경력이 있는 자
(4) 나이가 많고 사회생활 경험과 신앙간증이 풍부한 자
(5) 교회나 사회에서 특별한 Knowhow를 가진 자

3) 금기사항

(1) 동성관계가 원칙이며 이성관계는 금한다.
(2) 금전관계와 출세지향의 권력 이용은 금한다.
(3) 가능한 부모는 제외한다.

4) 교회 멘토의 역할

(1) 멘제에게 교회를 대표한다.
(2) 멘제를 위하여 증인 역할을 한다.
(3) 멘제와 교회생활에서 동반자 역할을 한다.
(4) 멘제에게 모범을 보여준다.
(5) 멘제를 위해 중보기도 한다.
(6) 멘제의 의견에 귀를 기울인다.
(7) 멘제와 이야기 나눌 때도 존중하여야 한다.
(8) 멘제가 교회 성도들과 좋은 교제를 위하여 다리 역할을 한다.
(9) 멘제가 결정할 일이 있을 때 자유롭게 의사표현을 유도한다.
(10) 멘제가 교회행사나 성경공부 등에 참석을 권면한다.

[공공기관 멘토는 누가 되는가?]

1) 대상

  (1) 우리 부서 출신공직자, 타 부서 공직자

  (2) 직장선배, 자격증, 지적 재산권, 특허권 소지자, 특정업무
    전문가

  (3) 사회 저명인사

2) 자격

  (1) 나이가 많고 삶의 경험이 풍부한 자

  (2) 자격증, 지적 재산권, 특허권 등 지식과 기술을 가진 자

  (3) 운동이나 예체능의 특기를 가진 자

  (4) 상대방을 폭넓게 포용할 수 있는 자

  (5) 지도력을 갖추고 남에게 호감을 주는 자

3) 금기사항

  (1) 동성관계가 원칙이며 이성관계는 금한다.

  (2) 금전관계와 출세지향의 권력 이용은 금한다.

  (3) 가능한 부모나, 직속 상급자 등은 제외한다.

4) 멘토의 역할

(1) 이모나 삼촌(아주머니, 아저씨)과 같이 삶의 이야기를 나눈다.

(2) 조직생활, 가정생활, 친구관계 등에서 어려움을 이야기한다.

(3) 즐거움(생일, 진급, 수상)이 있을 때 같이 나눈다.

(4) 업무부진의 경우에 서로 대안을 세운다.

(5) 가정과 직장 사이에서 대리인 역할을 해 준다.

(6) 지배의식을 갖지 말고 자유롭게 의사결정 기회를 준다.

(7) 이야기 내용을 경청하고 존중해 준다.

(8) 나보다 더 뛰어날 수 있도록 안내한다.

(9) 일방적이 아니고 서로가 도움이 될 수 있도록 상호관계를 유지한다.

[청소년 멘토는 누가 되는가?]

1) 대상

(1) 친척, 이웃사람, 학부모, 학교동문

(2) 대학생, 학교교사, 과외교사, 학교교사, 학습지 교사

(3) 사회저명인사 Home schooling 교사

2) 자격

(1) 나이가 많고 삶의 경험이 풍부한 자

(2) 지식과 기술을 가진 자나 컴퓨터를 이해하는 자

(3) 운동이나 예체능의 특기를 가진 자

(4) 상대방을 폭넓게 포용할 수 있는 자

(5) 지도력을 갖추고 남에게 호감을 주는 자

3) 금기사항

(1) 동성관계가 원칙이며 이성관계는 금한다.

(2) 금전관계와 출세지향의 권력 이용은 금한다.

(3) 가능한 부모나, 담임교사(전교 멘토링 경우) 등은 제외한다.

4) 멘토의 역할

(1) 이모나 삼촌(아주머니, 아저씨)과 같이 삶의 이야기를 나눈다.

(2) 왕따, 학교생활, 가정생활, 친구관계 등에서 어려움을 이야
   기한다.

(3) 즐거움(생일, 진급, 수상)이 있을 때 같이 나눈다.

(4) 학습부진의 경우에 서로 대안을 세운다.

(5) 가정과 학교 사이에서 대리인 역할을 해 준다.

(6) 지배의식을 갖지 말고 자유롭게 의사결정 기회를 준다.

(7) 이야기 내용을 경청하고 존중해 준다.

(8) 나보다 더 뛰어날 수 있도록 안내한다.

(9) 일방적이 아니고 서로가 도움이 될 수 있도록 상호관계를
   유지한다.

6. 멘토 6가지 유익

이제 멘토가 됨으로써 얻는 유익이 어떤 건지 살펴보기로 하자. 이러한 유익 중 대부분은 무형의 것이다.

그렇다고 해서 이것들의 가치가 떨어지는 것은 전혀 아니다. 스승이 됨으로써 다음과 같은 여섯 가지 유익을 얻을 수 있다.

1) 다른 사람과의 긴밀한 관계, 2) 자신이 새로워짐, 3) 자기 성취감, 4) 강화된 자부심, 5) 당신의 삶을 통한 타인에게 영향을 끼침, 6) 길이 남길 자신의 유산을 남기기

1) 다른 사람과의 긴밀하고 인격적인 관계

다른 사람들과의 긴밀하고 인격적인 관계를 맺을 수 있다. 통제가 아니고 발전을 위한 관계일 때는 어떠한 관계의 멘토링에서도 우정과 친밀감을 느낄 수 있다.

2) 자신이 새로워짐

멘토링 관계는 멘제의 성장을 돕는 과정에서 멘토 자신도 성장함으로써 자신이 새로워질 수 있다.

3) 자기성취감

사람들을 발전(성장)시키는 멘토링은 가장 큰 자기성취감을 맛볼

수 있다.

4) 강화된 자부심

자신을 믿고 따르며 도움을 요청하는 멘제가 있다는 사실로 멘토는 두려움도 느끼지만 그보다는 더욱 신이 나서 적극적이며 강한 자부심을 느낄 수 있다.

5) 당신의 삶을 변화시켰다는 확신!

멘토십(Mentorship)을 통하여 자신의 삶이 변화된 것을 느끼며 자신의 삶에 대한 확신을 가지게 된다.

6) 길이 남을 자기유산 남기기

멘제를 자신보다 더 훌륭한 사람으로 만들어 가면서 그가 가진 지혜를 다음 세대에게 영구히 유산으로 남길 수 있다.

 멘토 양성 과정은 멘토 등 활동참여자를 대상으로 멘토링에 관한 올바른 이해, 인재개발 리더십, 활동 촉진 기술, 멘토링 운영전략, 그리고 현장 사례 등을 학습하는 과정이다.

 특별히 교육수강 후에는 멘토링 방식으로 후배 및 부하직원을 체계적으로 지도육성과 구성원 간 관계 촉진 그리고 인성중심의 조직문화 형성에 기여할 수 있다.

1. 멘토 양성 교육과정 Outline

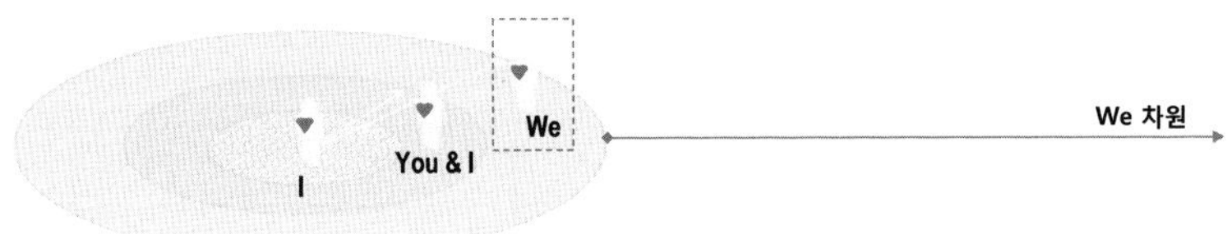

| 교육과정 | 멘토양성 교육과정 |

| 교육목표 | 목표1 ○ 멘토링을 통하여 부하직원 및 인재개발 자녀개발 방법 학습
목표2 ○ 조직 구성원 상호간 관계 활성화 방법 학습
목표3 ○ 인간성 바탕 위에 생산성 효과를 얻는 방법 학습
목표4 ○ 조직에 인성문화 구축과 공등체의식 함양 방법 학습 |

| 교육대상 | 멘토/멘제/모니터/ 코디네이터 |

| 교육일정 | 예정 일시 3일간 20시간 |

| 설계전략 | 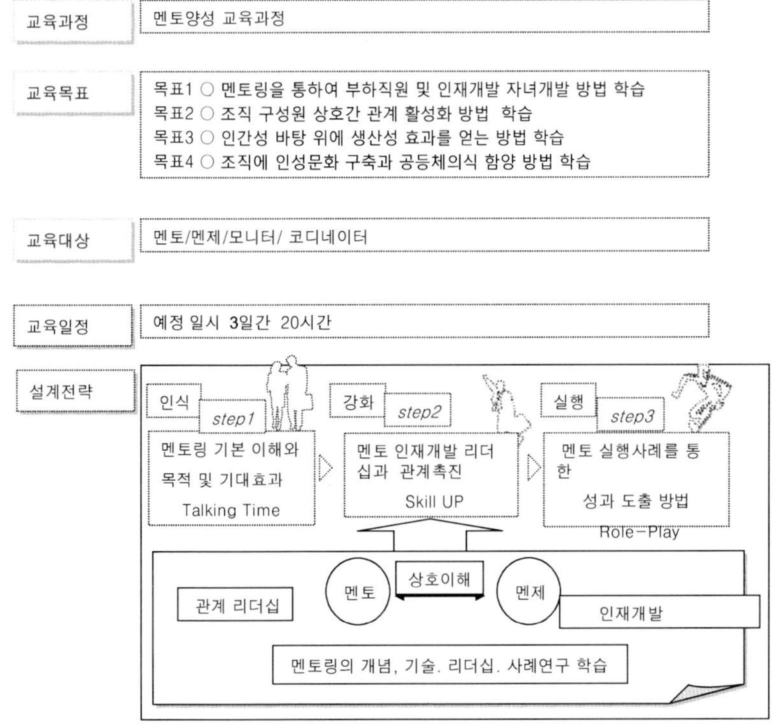 |

2. 멘토 양성 교육과정 Contents

1) 교육목적: 멘토링 방식을 통하여 멘토/멘제 간 선후배 간 인재개발과 구성원 상호 간 관계 활성화, 그리고 인성 조직문화 구축을 목적으로 함

2) 교육참가: 멘토/멘제/모니터/코디네이터

3) 교육일시: 1일 8시간～2일 16시간～3일 20시간

4) 교육방법: Off Line

Module 10	1일 과정 특강과정	2일 과정 특강과정	3일 과정 기본과정
1 Story(기본원리)	0.5	1	2
2 Skill(멘토기술)	3.0	6	8
3 Leadership(리더십)	1.0	2	2
4 Game(인재개발게임)	2.0	4	4
5 Tool(조직개발도구)		1	1
6 Strategy(운영전략)			
7 Humanity(인간성경영)			
8 Productivity(생산성경영)			
9 Manual(운영매뉴얼)	1.0	1	1
10 Case Study(사례연구)	0.5	1	2
합계	8.0	16	20

3. 멘토 양성 교육과정 Curriculum

3-1 멘토양성 교육과정 Curriculum

1) 교육시간: OFF Line 20 시간

2) 교육참가: 기업 대학 학교 교회 공공기관 멘토 대상자

3) 자세안내: 강의 신청자에게 5~10p 자세 안내문 발송

Hour	1일차	2일차	3일차
1	Mo1 – Story 멘토링 원리이해	Mo3 – Skill(중급) 멘토 활동 기술	Mo6 – Skill(고급) 멘토링 시스템 운영
2	1강 현대적 의미 2강 유래와 발달	7강 활동 – 6 Step 8강 활동 유형 모델	16강 자기개발 리더십 17강 인간개발 리더십
3	3강 역할과 수칙	9강 미팅 실행 단계	18강 조직개발 행정양식
Lunch Time			
4	Mo4 – Game – Lynchpin Game 성격개발 게임	Mo4 – Game – Star Game 인격개발게임	Case Study 국내외 성공사례 연구
5	– E Q Game 감성개발	– Brain Game 창의력개발임	See You Again
6	Mo2 – Skill(기본) 멘토 촉진기술	Mo5 – Strategy 멘토링 운영전략	
7	4강 소통 촉진 Skill 5강 경청 촉진 Skill	13강 실전 성공전략 14강 생산 효과전략	
8	6강 문제 해결 Skill	15강 평가 실무전략	

시간별 진행방법

1) 수강자 예습	2) 강사 Teaching
3) 애니 Talking	4) 동영상 5~10m
5) Self Show	6) Talking Time

이 사이버 교육 과정은 멘토 그룹 등 대량인원이 동시에 시간적, 지역적, 관리적 제한을 벗어나 자유롭게 학습할 수가 있어 최적의 프로그램으로 인정받고 있다.

*사이버 교육과정 특징

1. 대량인원이 동시에 수강이 가능함으로 저비용 고효율의 효과다.

2. 시간과 공간의 제한을 벗어나 자율학습(Self Study)이 가능하다

3. 멘토링 전문가/멘토/멘제의 3인 대역으로 대화식(Talking) 강이다.

4. 전국 어디서나 교육 프로그램의 표준화로 강의 품질이 보증된다.

5. 논리적, 감동적, 현장 사례중심으로 수강자의 학습 몰입이 가
능하다.

횟수	Hour	Module	Contents
1	2H	1. Story 멘토링 원리이해	1강 현대적 의미 2강 유래와 발달 3강 역할과 수칙
2	2H	2. Skill(초급) 멘토 기본 기술	4강 소통 촉진 Skill 5강 경청 촉진 Skill 6강 문제 해결 Skill
3	2H	3. Skill(중급) 멘토 활동기술	7강 활동 - 6 Step 8강 활동 유형 모델 9강 미팅 실행 단계
4	2H	4. Game 멘토링 개발게임	10강 성격 개발 게임 11강 감성 개발 게임 12강 인격 개발 게임
5	2H	5. Strategy 멘토링 운영전략	13강 실전 성공전략 14강 생산 효과전략 15강 평가 실무전략
합계	10H		

3) ON Line Off Line 통합 Trio교육-12개월 프로그램

멘토 12개월 Trio 교육은 멘토를 체계적으로 양성하기 위하여 출
발 Workshop인 1회성 교육을 지양하고 계속해서 On Line/Off Line
으로 12개월 동안 통합교육을 실시하는 것을 말한다.

교육과정	Contents	시간	비고
Off Line 마스터 교육(2H)	1. 멘토링 기본 이해	0.5	현장 상견례교육 4시간
	2. 멘토링 개발게임	2.5	
On Line 사이버 교육(20H)	1. 멘토링 이해 Story	2	온라인 애니메이션 교육 10시간
	2. 멘토 활동촉진 단계 Skill - 1	2	
	3. 멘토 활동촉진 기술 Skill - 2	2	
	4. 인재개발 게임 Game	2	
	5. 운영성공 전략 Strategy	2	
Self Line 동영상교육(12개월)	1. 현장사례 - 15File	12개월	매월 동영상 전송 서비스 자율명상 학습
	2. 활동지침 - 15File		
	3. 명상시간 - 15File		
	4. 명사 명언 - 15File		
	5. 예화사례 - 15File		

교육 및 A/S 방법	
Off Line	강사 강의식＋동영상
ON Line	애니메이션 3명 대역 대화식
Self Line	12개월 A/S 동영상 명상/사례 교재 제공으로 자택 자율명상학습

4. 멘토링 양성교육 과정 Agenda

세부 내용

모듈명	교육내용	방법	시간
[M1] Story 멘토링 기초이해	* 멘토링은 인간의 특성을 연구하고 그 역량을 개발하여 차세대 리더로 세우는 일이다. 구체적으로 멘토링 프로그램은 왕자를 현명한 왕으로 업그레이드시키는 고품질의 인재개발에서부터 출발한다. 여기에서는 현대에서 멘토링의 의미, 멘토링 유래와 원리, 멘토의 역할에 대하여 3가지 테마를 다루었다. NO 1강 멘토링 현대적 의미 NO 2강 멘토링 유래와 발달 NO 3강 멘토/멘제 역할과 수칙	· 강의 · 질의응답 · Self Show · Talking Time	3H
[M2] Skill 관계개발 기술	* 멘토링 활동에서 성공요인은 조직에서 철저한 관리가 아니라 멘토의 자생력이다. 일정 기간 동안 상대방 멘제에게 멘토가 스스로 익힌 기술로 얼마나 영향력을 발휘할 수 있는가가 제일 중요하다. 여기에서 멘토링 활동을 촉진하기 위한 관계개발 기술로 소통기술 경청기술 문제해결 기술 등 3가지를 소개했다. NO 4강 멘토링 소통 촉진 Skill NO 5강 멘토링 경청 촉진 Skill NO 6강 멘토링 문제 해결 Skill	· 강의 · 워크숍 · 사례연구 · 미팅 단계 Scenario 공유	3H
[M3] SkILL 현장활동 기술	* 멘토링 활동은 교육이라기보다는 멘토와 멘제가 현장에서 활동하는 프로그램이다. 먼저 멘토 중심으로 6가지 단계 활동과 실행 차원에서 두 가지 활동으로 개인활동, 그룹 활동을 소개했다. 가장 멘토/멘제가 어렵게 여기는 미팅 시나리오를 제공하여 미팅 당일 체계적으로 활동할 수 있도록 안내했다. NO 7강 멘토링 활동 – 6 step NO 8강 멘토링 활동 유형 모델 NO 9강 멘토링 미팅 실행 단계	· Workshop · Self Show · 피드백 · Scenario	3H

5. 멘토 양성 교육과정 Budget

세부 내용

모듈명	교육내용	방법	시간
[M슥] **Game** 인격주체 주의	한국인 정서에 맞게 개발된 멘토링 게임은 먼저 멘토링에 참여하는 멘토/멘제의 개인개발에 초점을 두고 자신의 가치가 업그레이드되는 과정을 체험함으로 멘토링 활동에 몰입도를 극대화하여 자생력으로 멘토링을 진행하고자 하는 프로그램이다. Workshop 형태로 진행되는 성격개발게임, 인격개발게임, 감성개방게임을 통하여 멘토/멘제의 인간 성장을 학습 목표로 한다. NO 10강 멘토링 성격 개발 게임 NO 11강 멘토링 감성 개발 게임 NO 12강 멘토링 인격 개발 게임	· Workshop · 진단 · 피드백 · 팀 실습	4H
[M슥] **Strategy** 인간업적주의	조직 멘토링에 관한 시스템 구축과 운영 방법을 다루면서 특히 조직에 적용되는 제도적 멘토링의 목적을 투자(인력투자, 자금투자, 시간투자 등)의 관점에서 인간성 바탕 위에 업무생산성 효과를 확보하는 데 두었다. 여기에서는 실전성공전략, 생산성 확보전략, 그리고 종합 평가로 정량평가 및 정성 평가 방법을 다루었다. NO 13강 멘토링 실전 성공전략 NO 14강 멘토링 생산 효과전략 NO 15강 멘토링 평가 실무전략	· 시나리오 공유 · 피드백 ● 현장이야기 ● 동영상 10m ● Role – Play	3H
[M슥] **Skill** 리더주의	멘토링 멘토와 멘제가 Cell(세포번식)과 같은 기능으로 조직에서 통제나 관리를 최소화하면서 체계적인 교육을 통하여 멘토의 자생력, 자부심, 책임의식 등과 같이 자율성을 최대한 보장해 주는 것이 최선의 방법이다. 16강 자기개발 리더십 17강 인간개발 리더십 18강 조직개발 행정양식	· Workshop · Talking Time · 피드백 · Scenario · 해외사례 · 국내사례 · 노동부성공 동영상	4H

멘토 동기부여 지원은

1) 정규업무를 다루면서 멘토링 특수 활동을 하게 됨으로

2) 특히 멘토는 CEO를 대신해서 질(質)관리 인재개발을 책임짐
   으로

3) 사람은 칭찬을 통하여 잠재역량개발을 촉진하게 됨으로 동기
   부여 지원이 필요하다.

1. 제도적 차원 동기부여

2. 업무적 차원 동기부여

3. 인사적 차원 동기부여

4. 활동적 차원 동기부여

5. 포상적 차원 동기부여

6. 인증적 차원 동기부여

1. 제도적 차원 동기부여

* 멘토링 동기부여 필요성:

1) 정규업무를 다루면서 멘토링 특수 활동을 하게 됨으로
2) 특히 멘토는 CEO를 대신해서 질(質)관리 인재개발을 책임짐
   으로
3) 사람은 칭찬을 통하여 잠재역량개발을 촉진하게 됨으로 필요
   하다.

* 동기부여 방법:
1) 물질적(物質的) 동기부여 – 교육비 활동비 상금 등 물적 지원
   한다.
2) 정신적(精神的) 동기부여 – 인사고과, 진급, 보직 등에 반영한다.
3) 인정적(認定的) 동기부여 – 작은 사장(Small CEO)의 위치로 인
   정해 주고 멘토링 데이를 선포하여 활동을 양성화하고 종료
   시 멘토인증서를 수여한다.

(1) 멘토 풀센터(Mentor Pool Center) 제도

멘토는 멘토링에 관한 상당 수준의 지식을 가지고 있어야 하며
특히 남다른 사명감이 필요로 한다. 그러므로 멘토를 1회용 소모품
의 개념으로 다룰 것이 아니라 조직에서 투자의 개념으로 지원해
주어야 한다. 멘토풀(Mentor Pool)이라는 전담기구를 통하여 멘토를
선발하고 양성하고 지원하고 재충전하고 사후관리 등을 체계 있게

해 주는 것이다.

그로 인하여 멘토를 조직 내 인재 개발 전문인력, 부하육성의 필수요원, 그리고 핵심 인재개발 대상으로 업그레이드함으로 멘토링 활동에 열정을 갖고 멘제를 멘토로 재생산하는 데 최선의 노력을 경주할 것이다.

(2) 멘토링 활동 평가제도

멘토링 활동에서 평가제도는 필수적이다. 이 평가제도를 통하여 멘토는 자부심과 함께 책임감도 느끼게 됨으로 멘토링 활동에 남다른 몰입도를 가질 수 있다.

(3) 멘토링 주간 이메일링 서비스제 시행

멘토링 도입 Workshop 과정에서 상당히 멘토링 활동에 적극성을 갖다가 3개월 지나면 대부분 열기가 식어진다. 이를 사전에 방지하는 것이 주간 멘토링 명상록 서비스다. 명상록을 통하여 심리적으로 격려가 되고 부수적으로 멘토링 학습, 기법, 사례, Q&A 등의 자료를 주간으로 접하게 됨으로 계속 멘토링 활동이 활성화된다.

(4) Cyber Mentoring System

멘토링 활동은 멘토와 멘제의 공동체다. 그러므로 상호 활동 상항에 관하여 궁금하게 생각하고 서로가 잘한 점에 대하여 본받기를 기대한다. 멘토링 홈 페이지나 카페는 이러한 공동체의 분위기를 지원하면서 쌍별로 모범 사례를 공개하여 선의의 경쟁을 유발하도록 지원하면 효과적이다. 특히 월간 계간에 필요한 보고서와 점검사항을 카페를 통해 접수하는 한편 월등히 잘하는 멘토나 멘토링 쌍은 공개적으로 시상하는 것이 효과적이다.

2. 업무적 차원 동기부여

1) 조직의 분명한 활동목표 설정 제시

멘토에게 조직에서 활동목표를 설정하는 것이 우선순위다. 왜냐하면 멘토를 비롯한 멘토링 참여자에게 분명한 책임의식과 목표의식을 심어주기 위한 것이며 아울러 조직에서 멘토링을 추진하기 위해서는 투자에 상응하는 생산성 측정을 염두에 두고 목표관리를 반드시 해야 하기 때문이다.

어떤 방법으로 목표를 설정할 것인가? 우선 조직 내 환경분석을 실시한 후 취약한 부문, 문제부문을 염두에 두면 된다. 예를 들어 이직률이 심하다면 [신입사원 정착멘토링], 경력부문이 취약하다면 [경력개발 멘토링], 노사 간 문제는 [노사화합 멘토링] 등으로 설정한다.

그러한 후에 활동 목표별로 미팅이 이뤄지도록 지원하며 지속적으로 일정 기간 예를 들어 12개월 등에서 과정별로 주간, 월간, 계간에 활동 촉진 프로그램을 적용하는 것이다.

2) 도입 선행 5가지 조건 제시

멘토링은 조직의 정규업무와 별개의 특수업무로 볼 수 있다. 가장 좋은 운영 시스템은 TFTeam이다. 특히 멘토링 활동은 멘토의 자생력으로의 진행이 바람직스럽기 때문에 조직에서는 분명한 방향 설정을 제시하고 그 후로 멘토와 멘제가 상호 간 협력해서 진행하면 된다. 멘토링 활동 전에 멘토에게 아래 사례와 같은 5가지 도입 선행조건을 필히 제시하는 것이 바람직스럽다.

[5가지 선행조건 모델]
- 활동목표: 신입사원 멘토링(또는 노사화합, 경력개발 등)
- 활동 기간: 12개월
- 활동始終: 2008. 1. 1. – 2008. 12. 31.
- 멘제 그룹기준: 신입사원 30명(또는 신입 6개월 미만인 자 등)
- 멘토 그룹기준: 선배사원 30명(또는 2~5년차 선배사원)

3) 결연식/종료식 격식차려 지원

멘토/멘제의 결연식은 멘토링 도입 Workshop 기본교육을 마치고 별도의 시간으로 단위 조직에서 주관하여 진행한다.

쉽게 생각하면 남, 여 결혼식을 염두에 두고 격식을 갖춰 격려차원에서 진행한다고 생각하면 된다. 가능한 CEO가 참석해야 하나 그렇지 못할 경우 반드시 임원 정도에서 격려사를 하는 순서를 진행하도록 한다.

종료식은 멘토링 활동 기간 종료시점에서 그동안 활동에 참여자들에게 격려와 포상 차원에서 진행한다.

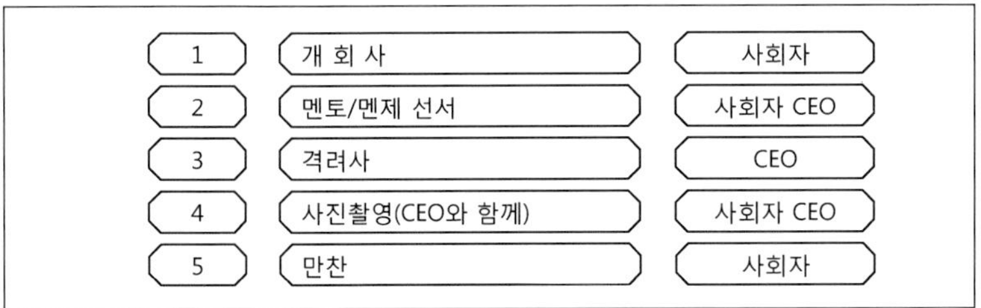

[결연식 순서 모델]

3. 인사적 차원 동기부여

멘토링 동기부여 중에서 가장 매력을 느끼는 부문이 인사체계와 연결하는 것이다. 이 부문은 조직의 CEO의 멘토링에 관한 관심도를 엿볼 수 있는 대목이다.

국내 멘토링에서는 과거 멘제 시절의 경험이 없는 멘토의 입장은 대부분 첫출발할 때 선발된 의식보다는 시간적인 면에서 피해의식과 업무 면에서 이중부담의 염려를 가지고 있다.

이러한 상황에서 뚜렷한 동기부여 없이 멘토링을 진행하게 되면 상당 기간 동안 약간의 거부의식에서 멘제와 미팅이 이뤄지고 멘토링에 몰두가 지장을 받게 된다.

그러므로 조직에서는 멘토링에 참여하는 멘토가 첫출발부터 망설이지 않도록 멘토링 참여하지 않는 동료 직원과 인사체계상에서 분명한 차별 대우를 해 줌으로 명분 있게 멘토링에 전념할 수 있는 계기를 만들어 주어야 한다.

1) 인사고가 평가 시 가점 반영

멘토링에 참여하는 멘토를 활동 기간, 전문교육수강, 우수멘토수상 등을 고려하여 전기적인 인사고과 평가 시 일정한 점수를 가점하여 동기부여를 해 주는 제도다.

2) 연봉 책정 시 상향 조정 반영

멘토는 정규업무와 멘토링이라는 두 가지 면에서 조직에 기여하는 것이다. 이러한 상황을 참작하여 연봉 협상 시 일정금액을 가산하여 동기부여를 해 주는 것이다.

3) 진급심사 평가 시 가점 반영

멘토로의 활동은 조직에서 자연스럽게 중간 지도자로서 역할을 수행할 기회를 갖게 되고 특별히 부하육성이라는 리더십을 인정받게 된다. 조직 입장에서는 이기주의가 팽배한 조직문화에서 타인을 배려해 주는 멘토를 긍정적으로 평가해 주어야 한다.

이러한 인재개발에 앞장서는 멘토를 어느 직원보다도 진급 심사 시 가점을 주어 동기부여를 해 주어야 한다.

참고로 GE그룹에서는 1999년 진급자의 80%가 멘토의 도움을 받았다. 멘토의 공로를 인정해 주어야 할 당위성이다.

4. 활동적 차원 동기부여

1) 교육수강 지원

멘토가 멘제를 일정 기간 동안 인재개발의 책임을 맡고 활동하게 될 때 제일 우려하는 점이 '멘토링에 관한 올바른 이해와 멘토로서 어떤 역할을 할 것인가'이다. 그 다음으로 염려가 되는 것이 '미팅 시 어느 소재를 가지고 의논할까'이다.

이러한 의문과 염려를 풀어 주는 것이 멘토에 관한 교육수강 지원이다. 사실 멘토에게는 아마추어보다는 멘토링 전문가로서 교육수강이 필요하고 단순히 멘제 한 사람을 담당한 차원에서 머무를 것이 아니라 회사 중간 지도자를 양성하는 차원과 핵심인재로 개발한다는 적극적인 인재전략 차원에서 검토하는 것이 효과적이다.

2) 월 활동비 지급

멘토링을 조직에서 인재개발 차원에서 정식으로 도입이 이뤄질 때 반드시 고려해야 할 점이 경비부문이다. 멘토링 활동이 공식적인 조직의 활동으로 인정을 받을 때 멘토/멘제의 활동비 지급은 공금으로 지원은 당연하다. 혹자는 멘토링은 상호 협약으로 무료 봉사를 주장하는 사람도 있다. 사회 멘토링에서는 비영리 재단에서 기부금으로 운영하는 상황에서 멘토의 무료 봉사나 또는 멘토가 일정 경비를 부담하는 경우도 있다.

그러나 조직의 필요에 의해 멘토/멘제를 선발하고 조직의 고유업무인 인재개발이라는 분명한 목표로 멘토링 활동이 진행된다고 볼 때 투자의 개념에서 일정 경비를 지원하고 최종 평가를 통하여 회수와 생산성에 관한 점검이 이루어져야 한다고 생각한다.

특히 멘토 멘제의 월(月) 활동비 지원 기준은 먼저 미팅 주기를 주간, 월간 등 몇 회로 할 것인가가 기준이 된다. 주 1회를 미팅 주기로 볼 때는 멘토링 쌍당 10만 원 이상은 되어야 한다고 본다.

3) 멘토링 데이(Mentoring Day) 공시

멘토링이 아직은 국내에서 생소한 인재개발 기법으로 인식됨으로 먼저 도입한 조직에서 상당한 비토 세력에 의해 어려움을 겪고 있는 실정이다. 모처럼 멘토링을 도입하여 이러한 분위기가 도를 넘을 때 멘토/멘제의 활동은 위축되어 효과가 반감된다. 그러므로 멘토링 도입 전에 간부급들에게 기본 특강으로 긍정적 분위기를 유도하는 것이 필요하다. 특별히 멘토/멘제 개인 활동을 양성화하기 위하여 CEO결재를 얻어 주 1회 특정 요일을 멘토링 데이로 선포하여 미팅을 공개하는 것이 활성화 계기가 된다.

4) 그랜드 미팅(Grand Meeting) 시행

멘토링은 멘토/멘제의 자발성이 무엇보다도 중요하다. 멘토링 활동 기간 중 분기별로 멘토링 전체 쌍, 즉 그룹 활동 차원에서 보수교육, 토론회, 격려회식, 야유회 등으로 자발성을 고취하는 기회를 갖게 한다. 이때는 CEO의 동참이 가장 효과적이다.

5. 포상적 차원 동기부여

멘토링 활동 기간 중 중간지점이나 최종 종료 시에 멘토링 활동에 우수한 자나 기타 공로자에게 시상을 하여 격려하고 차기 멘토링에 기대를 갖게 하는 동기부여 제도다.

먼저 진흥대회는 활동 중 우수 멘토를 선발하여 실제 발표토록 하고 멘토링 쌍 중에 우수 쌍을 선발하여 역시 발표토록 하여 멘토링 열정에 관심을 높이는 계기를 삼게 한다.

특별히 활동 기간 중에 멘토링에 관하여 느낀 점이나 미팅 사례 등을 수기로 남길 수 있도록 하여 차기에 참고자료로 활용하면 효과적이다.

이러한 행사를 진행하면서 우수한 자에게 차등으로 포상금이나 포상휴가 포상해외 여행 등으로 지원하면 마지막 마무리를 인상 깊게 해 주고 차기 멘토링 활동에 기대를 갖게 할 수 있다.

* 멘토링 활동 진흥대회
① 우수 멘토 활동 선발 진흥대회
② 우수 멘토링쌍 활동 선발 진흥대회
③ 멘토링 활동 멘토/멘제 우수 수기선발 진흥대회

* 멘토링에서 우수 활동자 선정 포상
① 우수 멘토 시상금 - 1, 2, 3등 선발(월 계간 활동결과)
② 우수 멘토링쌍 시상금 - 1, 2, 3등 선발
③ 우수 수기 당첨자 - 1, 2, 3등 선발

6. 인증적 차원 동기부여

멘토를 동기부여 하는 데 쉽게 물적 및 자금적 지원을 생각하게 된다. 당연히 생각해야 할 사항이다. 그러나 그것에 머무른다면 잘못 낮은 차원의 지원에 머물러 잘못 오해의 여지도 생길 수 있다. 멘토 인증제는 특히 차원 높게 정신적 부문에 동기부여를 제공하는 것이다. 멘토로서 조직 내에서 리더십으로 인정받으면서 인성 분야의 평가자료로 활용하면 멘토가 크게 고무되는 상황이 될 것이다.

[멘토 인증 기준표]

인증부분	배점기준	인증점수	기대점수	비고
교육수강	* 정규교육 시간당 – 1점 Silver Course – 20시간 Gold Cour – 40시간 Diamond Course – 60시간 주간 이메일 학습 6월 – 6점 성적 우수자 1회 – 5점		70	4~60시간 선택 가능
멘토 활동	* 미팅 횟수 월당 – 4점 * 활동유지 월당 – 4점 친목활동 경조활동 학습활동 봉사활동 체력단련 문화활동		100	12개월 기준
활동평가	* 종합평가 내역 – 최종 위원장 평가 자기 진단도구 작성점검 – 1점 Star Game 작성점검 – 1점 우수 멘토 선정 – 2점 우수 멘토링 쌍 선정 – 2점 모니터 및 매니저 설문평가 – 2점 멘저의 설문 평가 – 5점		30	12개월 기준
종합인증			200	

멘토 인증제도

1. 멘토 인증제도 개요

오늘날 Hightech Dogma로 상실된 인간관계를 Hightouch Dogma로 회복하여 인간이 존중받는 사회를 이룩하는 데 멘토 인증제가 절실히 필요한 시대이다.

Off Line과 On Line에서 멘토 인증에 필요한 시스템을 구축하여 멘토의 공헌을 뒷받침해 주는 멘토 인증서를 필요로 하는 개인, 기업, 국가기관에 회원제를 통하여 발행하는 제도이다.

1) 개인회원제

개인회원으로서 개인적으로 멘토 활동에 참여할 수 있도록 기회를 제공하고 교육훈련, 매칭, 평가 사후관리 등을 통하여 소정의 과정을 이수한 회원에 멘토 인증서를 발행하게 된다.

2) 기업이나 단체회원제

기업이나 단체에서 소속구성원의 인성개발 차원에서 회원으로 가입하는 것을 말한다. 멘토링 활동에서 담당한 멘제를 평사원의식에서 리더의식으로 삶이 변하도록 전인적인 삶의 조언자로서 역량을 발휘하도록 하며, 멘토링을 성공적으로 이끌 수 있도록 하고 소정의 멘토링 과정을 거치면 기업이나 단체에서 원하는 소속 구성원의 멘토 인증서를 발행해 준다. 이 인증서는 인사평가자료와 앞으로 멘토로서 활동하는 데 우선적으로 활용할 수 있도록 멘토의 공헌을 감안하게 된다.

3) 국가나 공기관회원제

멘토 인증서를 공직자 개인에게나 국가 각 기관이나 하부 기관 및 업체에서 활용할 수 있도록 정책에 반영하도록 힘쓸 것이다.
  (1) 직장에서 인성평가자료로 활용 - 전 공공기관
  (2) 고위관리자 인성평가 자료로 활용 - 전 공공기관
  (3) 고교생 사회 봉사점수에 활용 - 교육인적자원부

4) 수험생회원제

감정적으로 예민한 중, 고교 시절에 입시라는 중압감으로 억눌려 있는 수험생에게 대화 및 진로 상담으로 따듯이 접근하여 영향력을 발휘할 수 있도록 선배 대학생, 학교 및 교회선생, 대학교수, 학부모 등을 멘토 프로그램에 참여하게 한 후 멘토로 활동할 수 있도록 권장하는 제도다. 특별히 신간도서 **[수험생을 위한 멘토링 제도]** 출간하여 제도를 뒷받침하겠다.
  (1) **멘제로서 수험생회원** - 멘토와 연결하여 일정 기간 동안 도

움을 받도록 함

(2) **멘토로서 수험생회원** - 멘제에게 도움 주는 멘토 활동에 참
여하도록 하고 일정 기간이 지난 후에 멘토 인정서를 발행
하여 사회 봉사점수에 반영토록 함

2. 멘토 인증제도 기준표

인증부문	배점기준	인증점수	기대점수	비고
교육수강	* 정규교육 시간당 - 1점 Silver Course - 20시간 Gold Course - 40시간 Diamond Course - 60시간 주간 이메일학습 6월 - 6점 성적우수자 1회 - 5점		70	4~60시간 선택 가능
멘토 활동	* 미팅 횟수 월당 - 4점 * 활동유지 월당 - 4점 친목활동　경조활동 학습활동　봉사활동 체력단련　문화활동		100	12개월 기준
활동평가	*종합평가 내역 - 최종 위원장 평가 자기 진단도구 작성점검 - 1점 Star Game 작성 점검 - 1점 우수 멘토 선정 - 2점 우수 멘토링 쌍 선정 - 2점 모니터 및 매니저 설문 평가 - 2점 멘제의 설문 평가 - 5		30	12개월 기준
종합인증			200	

3. 멘토 인증서 양식

멘토 인증서

Certified Mentor

일련번호:
멘토성명:
생년월일:
소속명칭:
활동 기간:

위 사람은 금번 아래와 같은 성적으로 멘토링 활동에 참여하였음을 인증하여 이 증서를 드립니다.

인증부문	배점기준	인증 점수	권장점수	비고
교육수강	* 정규교육수강 시간당 – 1점		70	60시간 기준
멘토 활동	* 활동유지 월당 – 8점		100	12개월 기준
활동평가	* 종합평가		30	12개월 기준
종합인증			200	

인증일자: 2010. 01. 01.

인증기관: 멘토링코리아

대표 류재석

Mentor. 멘토링 조직별 도입 방법

제도적 멘토링은 사람, 시간, 자금 등 3가지 투자가 이루어진다. 그러므로 최종 평가에 의하여 교육성과를 도출하기 위한 프로그램을 체계적으로 관리할 시스템이 필요하게 된다.

멘토링 프로그램을 체계적으로 관리하여 저비용 고효율의 성과를 얻고자 한다. 제도적 멘토링을 도입하여 매뉴얼을 작성하고 프로그램을 표준화하여 멘토/멘제의 활동 성공률을 높이기 위한 도입 방법을 조직별로 소개한다.

1장 기업 도입방법

2장 학교 도입방법

3장 대학 도입방법

4장 교회 도입방법

5장 공공기관 도입방법

6장 청소년 도입방법

1. 기업 멘토링 도입전략

멘토링 제도가 현장 훈련을 통한 인재 개발이라는 소기의 성과를 거두기 위해서는 다음 몇 가지에 유념해야 한다.

1) 충분한 사전 검토와 준비가 필요

멘토링이 성공적으로 이루어지기 위해서는 제도에 대한 충분한 사전 검토와 준비가 필요하다. 조직과 구성원들이 어떤 니즈(Needs)에서 멘토링을 요구하고 있는지부터 철저히 조사해야 한다.

예컨대, 신입사원들의 조직 내 분위기 적응을 위한 것인지, 핵심 인재의 개발을 위한 것인지 등에 대해 목적을 명확히 정립해야 한다. 또한, 멘토로서의 자질을 갖춘 사람의 보유 여부, 멘토링의 구체적 실행 방안, 예상되는 부작용 등에 대해서도 충분히 고려해야 한다.

2) 명확한 이해가 전제되어야

멘토와 멘제 모두 각자 수행해야 할 역할을 제대로 알고 활동하기 위해서는 멘토링 프로그램에 대해 설명하는 오리엔테이션이 필요하다. 그냥 막연히 멘토링을 시작하기보다는 멘토링의 목적과 취지, 기대 효과, 서로의 성격/가치관, 커뮤니케이션 방법 등에 대해 제대로 파악해야 멘토링이 성공적으로 실행될 수 있기 때문이다.

특히, 멘토에게는 멘토링이 상당히 많은 시간과 열정이 필요할 것이라는 점 등을 충분히 알려주어, 사전에 멘토링에 대한 준비를 철저히 할 수 있도록 해야 한다.

예컨대, Hewlett Packard사의 Roseville공장에는 약 100여 쌍의 멘토링 커플이 있는데, 이들은 하루 정도의 워크숍에 참석하여 비디오 시청 및 시뮬레이션을 통해 멘토링 오리엔테이션을 받는다고 한다.

3) 적절한 멘토 선정이 핵심관건

멘토링의 성공적 도입에 있어서 제대로 지도하고 조언해 줄 수 있는 멘토의 선정이 중요하다. 부적절한 자질과 태도를 갖고 있는 멘토의 선발은 멘제에게 부정적인 회사 이미지를 심어주거나 개발활동을 게을리할 수 있기 때문이다.

예컨대, 멘토가 신입 사원을 경쟁자로 인식할 경우, 업무 지식이나 회사 방침 등을 제대로 알려주지 않을 수 있다. 또한, 업무적인 일이나 서로의 관심사와 고충에 대해 진지하게 대화하는 것을 부담스러워하는 멘토도 있을 수 있다.

일반적으로 멘토의 자질은 인격적인 리더십이 최우선이다. 그러면서 조직의 멘토는 아래 세 가지 면에서 자질을 추가로 갖추고 있어야 한다.

첫째, 회사 방침이나 가치에 대해 충분히 이해하고 있어야 한다. 조직에 대한 올바른 가치관을 갖고 있지 않은 멘토는 자신의 편협한 관점/이견을 기반으로 하여 잘못된 조직 이미지를 주입시킬 수 있다. 그 결과, 각종 정치적인 소문이 팽배하거나 구성원들의 회사에 대한 충성심 저하를 초래할 수 있다.

둘째, 담당 분야에 대한 전문적 지식과 노하우를 겸비해야 한다.

셋째, 인재 개발에 대한 강한 의지를 갖고 있는 사람이어야 한다. 아무리 실력이 뛰어나더라도 자신의 이익만 중시하고, 구성원들의 실력 향상에는 관심이 적은 사람은 멘토로서는 적합하지 않기 때문이다.

한 예로, World Bank사를 보면, 멘토 선정 시 직속 상사는 피하도록 하며, 멘토와 멘제의 스타일이나 지적 수준 등을 종합적으로 고려하여 매칭시킨다고 한다. 또한, Kimberly - Clark사도 멘토의 선정에 심혈을 기울이고 있는데, '멘토링 경험, 해당 업무 분야에 대한 전문성과 노하우, 인재 육성에 대한 강한 의지'를 멘토가 갖추어야 할 핵심 자질로 삼고 있다고 한다.

4) 지시자가 아닌 파트너로서의 자세 견지

흔히, 멘토의 역할은 '경험 많은 선배가 미숙한 후배에게 가르치는 것'으로 생각할 수 있다. 그러나 멘토링의 목적은 멘제의 잠재력 개발을 도와주고 자신감 있게 업무에 임할 수 있도록 지도해 주는 것에 있다.

이러한 면에서 볼 때, 멘토는 일방적으로 지시하기보다는 파트너로서 함께 고민하고 멘제의 관심사나 걱정에 대해 조언해 주고, 스스로 문제를 해결해 나갈 수 있도록 격려해 주는 역할을 해야 한다.

즉 일방적으로 지시하기보다는 멘제가 갖고 있는 문제의 현상을 제대로 알려주고, 실제 실행은 멘제 스스로 주인의식을 갖고 행동하도록 유도해야 한다. 그래야 멘제가 실질적으로 배우고 자신감 있게 업무에 임할 수 있기 때문이다.

5) 정기적인 멘토링 효과 분석이 필요

멘토나 멘제의 멘토링에 대한 적극적 참여를 유도하고 의도하는 목표를 이루기 위해서는 멘토링 과정이나 결과에 대한 엄격한 평가가 일정 주기로 이루어져야 한다.

멘토와 멘제의 매칭이 제대로 이루어졌는지, 멘토링을 통해 멘제의 역량이 향상되었는지 등에 대한 평가가 이루어져야 한다. 멘토링에 대한 사후 관리가 없을 경우, 멘토링 활동이 형식적으로 이루어질 가능성이 있기 때문이다.

예컨대, World Bank사는 일정 시점을 주기로 멘토와 멘제 모두에게 4번의 설문조사를 실시하는데, 그 주요 평가 내용은 만나는 횟수, 멘토의 역할 수행 정도, 역량개발 정도, 멘토 제도에 대한 만족도나 향후 개선되어야 할 보완점 등이라고 한다. 또한, 동사(同社)는 멘토링이 종료되는 시점에서는 외부 컨설팅 회사에 의뢰하여

보다 심층적인 효과 평가를 실시하여, 향후 멘토링 프로그램의 개선 활동에 반영한다고 한다.

Norfolk Southern사도 멘토링을 시작한 지 3달이 지나면 멘토와 멘제가 제대로 매칭되었는지를 설문을 통해 중간 평가를 하게 된다. 또한, 同社는 6개월과 10~11개월이 지난 시점에 2회에 걸쳐 멘토링 진행 상황에 대해 평가하고 피드백을 제공하여 멘토링의 성공적인 운영을 도모한다고 한다.

6) 멘토링 성과에 대한 적절한 인정과 보상

멘토가 멘토링을 자신의 중요한 역할 중의 하나로 인식하고 적극 참여할 수 있는 여건을 조성해 주어야 한다. 즉 멘토링 활동에 대한 적절한 동기부여가 필요하다.

예를 들어, 성공적인 멘토링 사례에 대해서는 구성원들에게 널리 전파하여 축하와 인정을 받게 하거나, 승진이나 금전적 측면에서 보상을 제공해 주어야 한다.

예컨대, Kimberly - Clark사는 멘토링을 성공적으로 수행한 사람에 대해서는 인재 및 후배 양성 기여도를 인정하여 연봉에 반영하고 있다.

지금까지 최근 기업들이 활발히 실행하고 있는 멘토링 제도에 대해 살펴보았다. 또한, 멘토링은 단순히 멘토와 멘제를 매칭시켜 놓는다고 해서 성공할 수 있는 것은 아니며, 신입 사원들의 회사에 대한 적응을 도와주는 역할로서만 그쳐서도 곤란하다.

이제는 멘토링을 현장에서 구성원 간 상호 작용을 통한 관계 활성화 그리고 업무, 즉 일을 통한 실전 학습의 핵심 수단으로서 적극 활용해야 하겠다. 이를 위해서는 보다 전략적인 관점에서 멘토링의 목적을 명확히 정립하고 제도 설계와 실행 단계에 세심한 주의를 기울여야 할 것이다.

2. 기업 멘토링 도입 분야

1) 신입단계(Getting Mentoring)

신입단계 멘토링은 신입사원, 전입사원, 스카우트 사원을 대상으로 회사에 조속히 정착하는 것과 회사 생활의 기초를 닦는 것을 목적으로 시행하는 단계다.

목표 1. 신입사원 정착 멘토링 프로그램

2) 성장단계(Growing Mentoring)

성장단계는 신입단계에서 조직 구성원으로서 무장하고 담당업무에 임하기 전에 앞으로 맡을 업무에 대하여 선배전문가에게 수습받는 단계다.

목표 2. OJT 업무숙달 멘토링 프로그램

3) 전문단계(Keeping Mentoring)

전문단계 멘토링은 조직에서 가장 중요한 단계다. 신입단계에서 입사한 사원들에 대해 유지 관리하는 단계인데 각 조직마다 앞문이 열려 있고 뒷문도 열려 있다는, 즉 인사관리에 취약한 상태를 말한다. 신입단계에서 교육이다, 멘토링이다 많은 비용을 투자하는데 막상 제대로 유지관리를 하지 못하기 때문에 좋은 인재를 놓치는 경우가 허다하다. 최근에는 좋은 인재는 놓치고 문제 사원만 남는다는 심각한 상황까지 이르고 있다. 그래서 멘토링에서는 아예 유지 관리라는 소극적인 자세에서 '업무전문가'로 양성하는 멘토링 시스템을 적용하는 단계다. 특히 바람직스러운 것은 이 단계에서 일반전문가와 조직이 원하는 핵심업무 전문가를 구분하여 멘토링 프로그램을 적용한다면 더욱 효과적일 것으로 생각된다.

목표 3. 경력개발 멘토링 프로그램

목표 4. 제품 품질향상 멘토링 프로그램

목표 5. 영업사원 스킬 향상 멘토링 프로그램

목표 6. 서비스사원 스킬 향상 멘토링 프로그램

목표 7. 독서 인재개발 멘토링 프로그램

목표 8. 여성인재개발 멘토링 프로그램

목표 9. 지식 기술력 향상 멘토링 프로그램

목표 10. 노사화합 촉진 멘토링 프로그램

4) 리더단계(Leadering Mentoring)

리더단계 멘토링을 야구의 홈인 선수를 생각하면 된다. 첫째는 수수 인원이라는 것과 두 번째는 라운딩할 때 전 시스템이 잘해 주어야 성공할 수 있다는 것이다. 한 사람만 잘해서는 성공확률이 극이 낮다는 것이다. 국내 조직의 문제는 바로 리더 단계인 핵심인재를 양성하는 시스템이 미약하다는 것이다. 그 이유는 상위직으로 갈수록 오너 경영체제에서 비공개적으로 리더격 인재가 선발되기 때문으로 볼 수 있다. 해외에서는 전문경영인 체제가 제대로 되어 있기 때문에 공정하고 경쟁적인 시스템에 의해서 우수한 인재가 선발되어 조직이 CEO나 주요 임원이 바뀌더라도 큰 문제없이 운영되고 있다. 바로 GE나 월마트 등 핵심인재개발 시스템은 정규교육 시스템과 멘토링이라는 특수개발시스템이 조화를 이루어 성공적으로 리더 개발을 하고 있는 것이다.

목표 11. 핵심인재 개발 멘토링 프로그램

목표 12. 협력업체 경영지원 멘토링 프로그램

3. 기업 멘토링 도입실무

1) 멘토링 활동목표 주제 적용 실제

(1) 신입사원 정착률 향상 멘토링

- 신입사원과 기존사원을 1:1로 연결한다.
- 신입사원과 경력자 및 전문가를 1:1로 연결한다.

(2) 업무숙달 및 경력개발 멘토링

- 새 보직사원과 기존사원을 1:1로 연결한다.
- 경력개발 대상자와 우수 경력자 및 전문가, 기술사원을 1:1로 연결한다.

(3) 노사화합 촉진(Slump사원 치유) 멘토링

- Slump에 처한 사원과 모범사원을 1:1로 연결한다.

- 고충이나 애로사항이 있는 자와 지도급사원을 1:1로 연결한다.

- 평사원과 상급관리자를 1:1로 연결한다.

(4) 핵심 지도자개발 멘토링

- 관리자 진급대상자와 간부급사원을 1:1로 연결한다.

- 현장관리자와 간부급사원을 1:1로 연결한다.

- 임원 및 간부 승진대상자와 임원을 1:1로 연결한다.

(5) 첨단지식, 기술공유 멘토링

- 자격증 희망자와 자격증 소지자를 1:1로 연결한다.

- 평사원과 전문사원을 1:1로 연결한다.

2) 멘토링 활동의 적용 예시

멘토그룹	멘토링 프로그램	멘제그룹
멘토(Mentor)로는 * 기존 모범사원 선발 * 관리자급 선발 * 전문 기술자급 선발 * 간부임원급 선발 * 우수 퇴직 사원에서 선발 * 상호 감사의 뜻 전달	멘토링 12개월 활동 * 멘토링 관리 프로그램 * 멘토링 교육 프로그램 * 멘토링 활동 프로그램 * 멘토링 평가 프로그램 * 목표달성 시 종결	멘제(Menger)로는 * 신입사원 * O. J. T. 새 보직사원 * 잠재역량 사원 * 슬럼프 사원 * 지도자·경영자 후보 * 상호 감사의 뜻 전달
위 활동을 반복해서 수행함		

3) 멘토링 시스템 구축방법

기업 멘토링 운영위원회			
멘토링 TFTeam - 매니저			
멘토/멘제 쌍	멘토/멘제 쌍	멘토/멘제 쌍	멘토/멘제 쌍

(1) 멘토링 위원회: 멘토링 실무를 전담하는 자로서 멘토링의 계
획과 각종 자료를 관리한다.

(2) 멘토링 TFTeam: 멘토링 활동에서 예를 들면, 각 공장별, 각
센터별 멘토링 프로그램을 전문 관리하고 모니터링을 할 수
있는 요원으로서 조언해 주며 활동 보고 내용을 통하여 관리
한다(매니저, 모니터로 호칭).

(3) 멘토링 쌍: 멘토링 활동을 전제로 연결된 쌍으로 먼저 성격분
석을 통하여 가장 잘 조화되는 쌍을 우선으로 연결하고 멘토
링의 목적과 의도에 맞게 활동을 한다.
  - 멘토링 활동에서 주체가 되는 멘토, 멘제 한 쌍이다.

4) 멘토링 프로그램의 성공요건

기업이라는 조직의 특성상 먼저 경영자가 주도하여 전 사원에
멘토링 마인드를 조성해야 한다. TFT(Task Force Team)를 구성하여
1~2명 정도는 멘토링 전문요원으로 양성해서 멘토링 적용 방법부
터 활동에 이르는 과정을 관리하고 모니터링을 해야 한다.

처음에는 전 분야에 적용하는 것보다는 특정부서나 특정업무(예:
신입사원 멘토링, OJT 멘토링 등)를 선정하여 집중할 수 있도록 한

3) 학교 멘토링 접근방법

학교 멘토링제도 운영은 두 가지 측면으로 접근이 가능하다. 먼저 교사 멘토링 차원에서는 멘토링 자율장학 환경조성, 멘토링 자율장학 프로그램 구안 적용, 다양한 연수 프로그램을 통한 자기장학 등 교내 자율장학을 통하여 신규 및 저경력 교사의 교실 수업기술 향상 및 수업에 대한 긍정적 태도를 길러 교육의 질을 높이고 교사의 전문성을 신장시키는 데 목적이 있다.

다음으로 학생을 위한 멘토링 제도는 우선 평준화 교육에서 오는 부작용을 보완하는 측면으로 학습 지진생과 우수생을 대상으로 하는 학습능력 향상 멘토링과 아울러 학생 생활 지도차원에서 왕따 방지 등 학교생활 적응력 향상과 특기 및 취미생활 개발 등에 접근이 가능하다.

2. 학교 멘토링 도입 분야

1) 신입단계 멘토링(Getting Mentoring)

신입단계 멘토링은 신입생, 전입생, 편입을 대상으로 학교에 조속히 정착하는 것과 학교생활의 기초를 닦는 것을 목적으로 시행하는 단계다.

목표 1. 신입생 적응력 향상 멘토링 프로그램

목표 2. 신입 교사 저응력 향상 멘토링 프로그램

2) 성장단계 멘토링(Growing Mentoring)

목표 3. 교사 교직업무숙달 멘토링

목표 4. 학생 학습능력 신장 멘토링

3) 유지단계 멘토링(Keeping Mentoring)

목표 5. 왕따 방지 연결 멘토링

목표 6. 특기 재능 개발 멘토링

목표 7. 취미 오락지도 멘토링

목표 8. 슬럼프 학생 치유 멘토링

목표 9. 영재, 천재개발 멘토링

4) 리더단계 멘토링(Leadering Mentoring)

목표 10. 학생생활 지도 멘토링

목표 11. 학생진로 지도 멘토링

목표 12. 교사 자기개발 멘토

3. 학교시스템 도입실무

1) 학교 멘토링 적용 분야

(1) 학생지도활동(우수, 잠재, 슬럼프 학생)
　- 선생님과 집중지도 대상학생을 1:1로(지도대상이 많은 경우에

는 선생님 한 명당 여러 명을 할당) 연결하여 지도한다.

- 집중 지도학생은 아래의 학습활동 또는 특별활동하는 과정에서 발견한다.

(2) 학습지도활동

- 자신의 부족한 부분을 신청, 잘하는 학생이 지도하고 보충해 주는 제도이다.

- 학생개인 지도(Student Tutoring): 상급학생이 저학년생을 개인 지도(초등학교의 경우, 6학년이 3학년을, 5학년이 2학년을, 4학년이 1학년을 지도)하는 방법이다.

- 동급생 개인지도(Peer Tutoring): 동급생끼리 개인 지도한다.

- 교사－학생 개인지도(Mentor－Menger 개인지도): 교사가 학생을 개인 지도한다.

(3) 특별활동, 재능활동, 여가활동

- 예체능활동, 컴퓨터, 기타 재능활동 및 여가·취미활동과 봉사활동(교내, 사회)을 학습 활동에서와 같은 방법으로 시행하며, 사회 봉사활동과 같은 경우는 봉사활동 대상자와 특정 기간 동안 1:1 또는 반(소그룹)학생들과 대상자와 1:1로 연결하여 돌아가면서 봉사 활동을 전개한다.

(4) 신입교사, 신입생 조기정착 활동기존교사와 재학생을, 신입교사와 신입생과 연결하면 조기정착이 가능하다.

2) 학교 멘토링 운영 실무

멘토그룹	멘토링 프로그램	멘제그룹
멘토(Mentor)로는 · 교사 · 모범학생 · 학부형 · 사회지도층 인사 · 특기소유 교사/학생 · 동문 *상호 감사의 뜻 전달	멘토링 12개월 활동 * 멘토링 관리 프로그램 * 멘토링 교육 프로그램 * 멘토링 활동 프로그램 * 멘토링 평가 프로그램 * 목표달성 시 종결	멘제(Menger)로서는 · 신입교사 · 새 보직 교사 · 학습부진 학생 · 왕따 대상 학생 · 문제 학생 · 소년·소녀가장 *상호 감사의 뜻 전달
위 활동을 반복해서 수행함		

3) 학교 멘토링 시스템

학교 멘토링 운영위원회			
멘토링 매니저(TFTeam)		멘토링 매니저(TFTeam)	
멘토/멘제 쌍	멘토/멘제 쌍	멘토/멘제 쌍	멘토/멘제 쌍

(1) 멘토링 위원회: 멘토링 실무를 전담하는 자로서 멘토링의 계획과 각종 자료를 관리한다.

(2) 멘토링 TFTeam: 멘토링 활동에서 예를 들면, 각 기관별, 각 학급별 멘토링 프로그램을 전문 관리하고 모니터링을 할 수 있는 요원으로서 조언해 주며 활동 보고 내용을 통하여 관리한다(매니저, 모니터로 호칭).

(3) 멘토링 쌍: 멘토링 활동을 전제로 연결된 쌍으로 먼저 성격분석을 통하여 가장 잘 조화되는 쌍을 우선으로 연결하고 멘토링의 목적과 의도에 맞게 활동을 한다.

　- 멘토링 활동에서 주체가 되는 멘토, 멘제 한 쌍이다.

3) 유지단계 멘토링(Keeping Mentoring)

유지단계 멘토링은 대학에서 가장 중요한 단계다. 신입단계에서 입학한 학생들에 대해 유지 관리하는 단계인데 각 대학마다 앞문이 열려 있고 뒷문도 열려 있다는(휴학 자퇴 입대 등), 즉 학생관리에 취약한 상태를 말한다. 신입단계에서 교육이다, 멘토링이다 많은 비용을 투자하는데 막상 제대로 유지관리를 하지 못하기 때문에 많은 학생들 또는 우수 교직원을 놓치는 경우가 허다하다. 그래서 멘토링에서는 아예 유지 관리라는 소극적인 자세에서 '업무 및 기술전문인력'으로 양성하는 멘토링 시스템을 적용하는 단계다. 특히 바람직스러운 것은 이 단계에서 일반전문가와 대학이 원하는 핵심업무 전문가를 구분하여 멘토링 프로그램을 적용한다면 더욱 효과적일 것으로 생각된다.

목표 5. 복수전공 멘토링 프로그램

목표 6. 특기개발 멘토링 프로그램

목표 7. 국가 기술자격 취득 멘토링 프로그램

목표 8. 어학실력 향상 멘토링 프로그램

목표 9. 직원 노사화합 촉진 멘토링 프로그램

4) 리더단계 멘토링(Leadering Mentoring)

리더단계 멘토링은 야구의 홈인 선수를 생각하면 된다. 첫째는 소수 인원이라는 것과 두 번째는 라운딩할 때 전 시스템이 잘해 주어야 성공할 수 있다는 것이다. 한 사람만 잘해 가지고는 성공 확률이 극히 낮다는 것이다. 국내 대학의 문제는 바로 리더단계인 핵

심인재를 양성하는 데나 취업촉진, 그리고 대외관계 개선 시스템이
미약하다는 것이다.

목표 10. 졸업생 취업촉진 멘토링 프로그램

목표 11. 주문형학과 멘토링 프로그램

목표 12. 학내 핵심인재개발 멘토링 프로그램

3. 대학 시스템 도입실무

1) 멘토링 분야별 도입 실제

(1) 신입생 정착률 향상 멘토링

- 신입생을 재학생과 연결하여 1년간 멘토링하면 정착률 향상이
  가능하다.

(2) 취업률 향상 멘토링

- 취업대상 협력업체 임직원과 졸업 예정 학생을 1:1로 연결하
  여 지도한다.

- 재학생을 동문이나 사업체 운영 학부형과 연결하여 관계를 지
  속하도록 한다.

- 취업대상자나 협력업체는 교수와 취업센터에서 체계적으로 선
  정한다.

(3) 학습능력 향상 멘토링

- 학생의 부진한 학습 성적을 교수, 강사, 조교가 지도하고 보충
  해 주는 제도다.

- 학생 개인지도(Student Tutoring): 선배학생이 후배학생을 지도하는 방법
- 특정 과목의 능력 향상을 위하여 교수가 학생을 개인 지도한다.

(4) 특별활동, 재능활동, 자격취득 활동 멘토링

- 예체능활동, IT부문, 자격취득부문 기타 재능활동 및 여가·취미활동과 봉사활동(교내, 사회)을 학습활동에서와 같은 방법으로 시행하며, 사회 봉사활동과 같은 경우는 봉사활동 대상자와 특정 기간 동안 1:1 또는 반(소그룹)학생들과 대상자와 1:1로 연결하여 돌아가면서 봉사활동을 전개한다.

2) 멘토링 활동 적용 예시

멘토그룹	멘토링 프로그램	멘제그룹
멘토(Mentor)로는 · 교수 강사 조교 · 선배학생 · 동문 및 학부형 · 사회지도층 인사 · 특기소유 교수/학생 · 협력업체 임직원 *상호 감사의 뜻 전달	멘토링 12개월 활동 * 멘토링 관리 프로그램 * 멘토링 교육 프로그램 * 멘토링 활동 프로그램 * 멘토링 평가 프로그램 * 목표달성 시 종결	멘제(Menger)로는 · 신입생 · 신입교수 · 학습부진 재학생 · 취업대상 재학생 · Slump 재학생 · 고3 학생 *상호 감사의 뜻 전달
위 활동을 반복해서 수행함		

3) 멘토링 시스템 구축방법

대학 멘토링 운영위원회			
멘토링 TFTeam - 매니저			
멘토/멘제 쌍	멘토/멘제 쌍	멘토/멘제 쌍	멘토/멘제 쌍

(1) 멘토링 위원회: 멘토링 실무를 전담하는 자로서 멘토링의 계
    획과 각종 자료를 관리한다.
(2) 멘토링 TFTeam: 멘토링 활동에서 예를 들면, 각 대학별, 각
    학과별 멘토링 프로그램을 전문 관리하고 모니터링을 할 수
    있는 요원으로서 조언해 주며 활동 보고 내용을 통하여 관리
    한다(매니저, 모니터로 호칭).
(3) 멘토링 쌍: 멘토링 활동을 전제로 연결된 쌍으로 먼저 성격분
    석을 통하여 가장 잘 조화되는 쌍을 우선으로 연결하고 멘토
    링의 목적과 의도에 맞게 활동한다.
    － 멘토링 활동에서 주체가 되는 멘토, 멘제 한 쌍이다.

4) 멘토링 프로그램 목적

(1) 선배나 교수의 도움으로 학습능력을 배양하여 자아실현을 위
    한 효과적인 인생설계를 한다.
(2) 선배나 교수의 역량발휘에서 배우는 자신의 인재개발을 추진
    한다.
(3) 대학 내 선/후배 및 사제 간의 끈끈한 우정과 인간관계를 구
    축한다.
(4) 선배나 교수도 후배를 지도하면서 자신의 상호 학습에 효과
    를 얻는다.
(5) 상호 아이디어 개발로 대학발전에 시너지 효과를 창출한다.
(6) 대학교육의 목표에 대한 일체감 형성 및 리더로서 질적 향상
    을 거둔다.

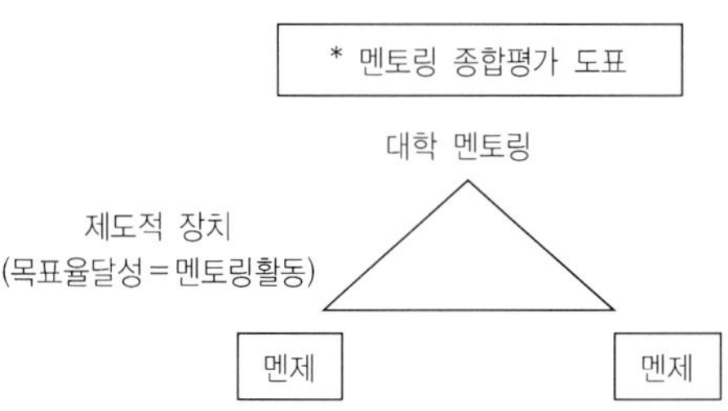

5) 멘토링 시스템 기대효과

멘토링 프로그램은 기업 등 여타 조직에서뿐만 아니라 현재 대학이 안고 있는 신입생 정착문제, 학습능력 저하문제 또한 취업문제, 진로 문제, 즉 학교와 직업 세계로의 원활한 이행을 위한 하나의 대안이 될 수 있다. 멘토링은 직업 개발뿐만 아니라 지적, 개인적, 사회적으로 성숙하게 만드는 계기가 됨으로 학교 현장에서 널리 사용될 수 있다.

멘토링 시스템이 학교 현장에 적용됐을 경우 멘토링에 참여한 학생들은 중도 탈락이 감소되고 성적 향상과 직업 기회의 증진이 멘토링에 참여하지 않는 사람에 비해 높고 좋은 습관과 동기부여, 의사소통 기능 향상 등도 높아진다. 이러한 프로그램들의 효과에 대한 실증 연구들에서 상반된 연구 결과도 나타나기도 하지만 대다수 프로그램에 참여한 학생들은 긍정적인 느낌을 가졌다고 한다.

결국 이러한 멘토링 프로그램들은 진로직업교육을 받을 수 있고 이를 통해 산업체가 원하는 태도, 기술, 지식 등을 이해하는 기회를 얻게 됨으로써 이와 같이 멘토링 프로그램들은 좀 더 광범위한 학교-직업세계 이행 노력을 위한 구성 요소들 중의 하나로 볼 수 있을 것이다.

이상으로, 멘토링 시스템을 도입함으로써 얻을 수 있는 기대 효과는 학생, 학교, 산업체라는 세 가지의 주체 모두에게 나타난다고 볼 수 있다.

(1) 학생 입장

일정한 영역에서 전문적인 지식이나 경험을 가지고 있는 선배와의 멘토/멘제의 상호관계를 통해서 개개인의 요구에 맞는 새로운 지식과 기술, 그리고 비공식적인 정보나 암묵적인 관습 및 문화 등을 직접 경험하는 기회를 갖는다. 이러한 경험은 제도적인 장치가 뒷받침된다면 대학 초기부터 직업 탐색 및 진로 계획을 수립할 수 있으며 기업이라는 현장 적응력과 통찰력을 키울 수 있다.

(2) 산업체 입장

이러한 멘토링 시스템은 대학교와 졸업 후 갖게 될 직업의 세계를 자연스럽게 연결시켜 줌으로써 산업체 입장에서는 필요로 하는 우수인력을 조직에 확보할 수 있으며 산학 협동의 바람직한 방법으로도 정착될 수 있을 것이다.

(3) 학교 입장

학생들의 중도 탈락을 저하시키고 학생들의 소속감 고취로 학교의 위상이 높아진다는 효과도 간과할 수 없다.

(4) 멘토 입장

또한 동료로서, 교수로서, 선배로서 멘토의 역할을 담당한 사람들은 지역사회와 산업체의 평생학습지원자로서 기여를 하며 리더십을 발휘하는 기회도 얻게 된다.

4장

교회 도입방법

1. 멘토링의 성경적 개념

멘토링은 뿌리 깊은 기원을 가지고 있다. 인류가 시작될 때부터 멘토링이 시작되었다고 해도 과언이 아닐 것이다. 인류의 기원과 영적 역사를 다루고 있는 성경에서는 멘토링의 관계가 어떻게 나타나고 있는가? 성경에 나타난 대표적인 사례로 구약시대의 모세와 여호수아, 그리고 신약시대에 와서 예수님과 그 제자들은 멘토링의 성경적 모델로 그 가치가 크게 인정되고 있다. 성경에 나타난 멘토링의 필요한 현상을 살펴보도록 하겠다.

1) 구약에서 모세의 멘토링

성경에 나타난 대표적인 사례로 구약시대의 모세의 삶 속에서 놀랍게도 이스라엘 지도자로 탄생하는 뒷면에 시스템적인 멘토링이 깊숙이 자리 잡고 있음을 볼 수 있다. 모세의 종합 멘토링은 오늘날 멘토링의 성경적 모델로 그 가치를 높게 평가해도 전혀 손색이 없다.

한편 BC 13세기 모세 오경을 통해 할례의식에서 참여한 3사람
(아버지, 의사, 잔탁) 중 이미 잔탁(ZANTAK)이라는 사람이 어린아
이를 붙들고 보호하면서 앞으로 신앙지도, 사회생활지도를 책임지
는 멘토 역할을 담당한 것은 일반 멘토링에서 그리스 신화보다 앞
선 기록임을 알 수가 있고 오늘날 천주교의 대부제도와 유사한 제
도로 추측이 가능하다.

우선 모세의 종합적인 멘토링을 아래와 같이 5가지 부문, 즉 유
년 시절, 소년 시절, 청년 시절, 장년 시절, 노년 시절로 구분해서
살펴보기로 하자.

단계 1. 유년 시절(멘토: 어머니 요게벳) – 하늘나라법으로 모세를
살렸다.

첫째는 유아시절에 어머니 요게벳과의 멘토링을 들 수 있다(출
2:1 – 10 히11:23). 요게벳은 당대 애굽의 법률을 어기면서 어린 모
세를 3개월 동안이나 몰래 길렀고 갈대상자에 넣어 나일 강에다
띄우면서도 소망을 잃지 않고 미리암을 보내 망을 볼 수 있도록 지
혜롭게 행동을 했음을 볼 수 있다. 어린 모세를 품에 안고 요게벳
의 무언의 모성애는 부모와 자녀관계 속에서 1:1 멘토링 관계가 지
속되었음을 알 수 있다.

단계 2. 소년 시절(멘토: 바로 공주) – 모세가 세상의 학문을 통달
하도록 했다.

둘째는 청소년 시절에 바로 공주와의 멘토링 관계다(출2:10 행
7:22). 나일 강에서 갈대상자에 띄운 아기 모세를 발견한 바로 공주
는 참으로 큰 용단을 내린 것을 볼 수 있다. 히브리 아이임에도 양

자를 삼아 바로 궁궐에서 왕자교육을 제대로 시킴으로 "모세는 애굽 사람의 학술을 다 배워 그 말과 행사가 능하더라(행7:22)."는 말씀이 기적적으로 바로 공주와 40여 년간의 멘토링 관계를 읽을 수가 있다.

단계 3. 청년 시절(멘토: 장인 이드로) - 모세가 평신도지도자를 개발하도록 했다.

셋째는 장성한 모세가 이스라엘의 지도자 역할을 수행할 때 이드로와의 멘토링 관계다(출2:11, 18:2 - 6, 18:13 - 27).

출애굽기 18장에서 모세는 국정의 중대사인 재판을 혼자 담당하여 많은 시간과 힘을 쏟고 있었다. 그 일이 모세에게 너무나 힘들어 앞으로 문제가 될 것으로 판단한 모세의 장인 이드로는 한 가지 제안을 했다. 즉 모든 재판을 혼자 다 담당하지 말고 온 백성 가운데서 재덕이 겸전한 자들로 천부장과 백부장과 오십부장과 십부장을 삼아 웬만한 재판들은 스스로 하도록 위임함으로 모세의 큰 짐을 덜어주었다.

이드로는 모세의 상황을 듣고 시기적절한 충고를 줌으로써 상담자로서의 멘토의 역할(멘토는 그 강도와 정도의 크기에 따라 제자 훈련자, 영적 지도자, 코치, 상담자, 교사, 후원자, 현세적 모델, 역사적 모델로서의 멘토 등 여덟 가지로 나눌 수 있다)을 잘 수행하였다.

단계 4. 장년 시절(멘토: 형님 아론) - 모세의 부족한 부문을 보완해 주었다.

넷째는 멘토인 아론과의 멘토링 관계다(출4:10, 14, 28). 아론은 이스라엘 최초의 제사장이며 모세의 3세 연장 형이었다. 입이 둔한 모세를 도와 대언하고(출4:10) 지팡이로서 모세의 명을 따라 바로 앞에서 이적을 행하였다(출7:19).

단계 5. 노년 시절(멘토: 모세) – 후계자 여호수아에게 자기 전이 (傳移)를 했다.

다섯째는 모세 노년에 후계자 여호수아와의 멘토링 관계이다(출 17:8 – 16, 신34:9). 모세와 여호수아는 멘토링의 좋은 모델이다. 하나님께서는 이스라엘의 차기 지도자를 위해 모세를 멘토로 삼아 여호수아를 오랫동안 준비시켰다. 모세는 여호수아를 회막, 지성소, 시내산 등으로 데리고 갔고(출 24:9 – 18, 33:7 – 11), 하나님의 말씀을 직접 가르치고 전했으며(출 17:14, 수1:18), 때때로 개인적으로 지도하였다(민 11:28 – 30).

또한 여호수아는 지도자로서의 모세를 사역의 모델로 삼아 그의 행동 하나하나를 눈여겨보면서 배웠다(출32:15 – 35). 그 결과 여호수아와 모세는 유사점이 많았다. 이러한 유사점은 여호수아에게 끼친 모세의 멘토링의 영향이라고 볼 수 있다.

2) 신약에서 예수님 멘토링

(1) 예수님의 멘토링 의미

멘토링의 핵심인 섬기는 리더십의 원형은 예수님이다. 하나님이면서 하늘영광을 뒤로하고 인간세상에 오셔서 "섬김을 받으러 온 것이 아니요 섬기러 왔노라."고 말씀하셨다. 결국은 자기의 죄가 아닌 인간의 죗값으로 십자가에 돌아가셨고 그로 인하여 자신의 생명을 내줌으로 인간을 최상으로 섬긴 것이다.

섬기는 리더십의 실행 프로그램은 멘토링이다. 특히 예수님은 제자나 그를 따르는 사람들에게 일대일로 멘토링 방식대로 접근하여 삶의 변화를 일으켰다.

(2) 예수님의 3단계 멘토링

단계 1. 우정(Fellowship)관계

- 성품이 온유하시고 섬기는 리더십의 본을 보여주신 예수님은 제자들과 첫 대면은 우정관계로 시작한다. 사람에게 절실히 필요한 오병이어(물고기 다섯 마리와 보리떡 두 개) 사건과 병 고치는 기적이 좋은 사례가 된다.

단계 2. 인격(Personhood)관계

- 예수님을 어느 기간 동안 겪은 제자들은 그 인격에 매료되어 한 발짝 깊이 들어가게 된다. 친히 제자들의 발을 씻기신 예수님의 섬기는 리더십에 깜짝 놀라게 된다. 그 인격에 감동받은 단계로 예수님은 제자들을 신뢰하고 제자들은 예수님을 존경하는 단계다.

단계 3. 사명(Mission)관계

- 마지막 단계로 예수님의 최종적인 사명을 알게 되는 단계다. 이 단계에서 제자들의 비장한 각오와 인성과 신성을 겸비한 예수님 앞에서 인간이 한계를 처절하게 느끼는 단계다. 바로 예수님 자신의 최후 사명은 바로 인간에게 최고로 섬기는 자세로 생명을 걸고 사명 완수한다는 것이다. 이 단계에서 닭 울

기 전에 예수님을 세 번 부인하는 베드로, 엠마오로 귀향해 버리는 도마 등 제자들의 한계를 여실히 보여주는 사례다. 스토리가 여기에서 끝났다면 예수님은 사명 완수에 실패자로 볼 수 있다.

그 역전 드라마는 부활 후 제자들에 40일간 나타나시고 본 그대로 승천하신 예수님을 보고 제자들이 확신을 갖는다. 그리고 나머지 소수지만 12제자의 삶은 사명에 생명을 걸고 예수님의 뒤를 따르는 결과 2000년이 지난 오늘날 20억 제자를 이끌어 낸 원동력이 된 것이다.

(3) 예수님 멘토링 Tip - 8

Tip 1. 한 사람 선택법(Selecting) - (눅6:13 ― 그중에 열둘을 택하여 ―)

Tip 2. 함께 지내기 법(Associating) - (마28:20 - 내가 너희와 함께 있느니라)

Tip 3. 성별하기 법(Consecrating) - (행11:26 '그리스도인'이라 불리기 시작한 것은)

Tip 4. 자신을 주는 법(Imparting) - (요15:13 ― 사람이 친구를 위하여 그 목숨을 ―)

Tip 5. 본보기법(Modeling) - (요13:15 - 내가 너희에게 ……본을 보였느니라)

Tip 6. 위임하기 법(Delegating) - (마4:19 ― 내가 너희를 사람을 낚는 어부가 되게 ―)

Tip 7. 모니터링법(Monitoring) - (막8:17 - 아직도 ……깨닫지 못

하느냐?)

Tip 8. 능력 부여법(Empowering) – (요15:16 – 너희로 가서 과실을
맺게 하고)

2. 교회 멘토링 도입의 필요성

1) 교회 멘토링 의의 목적

의의: 멘토(Mentor)와 멘제(Menger), 성령의 삼각관계다. 그 관계
속에서 멘제(Menger)가 이미 존재하는 하나님의 역사하심을 통해
하나님과의 친밀함, 하나님의 자녀라는 궁극적인 정체성(창1:27),
하나님 나라의 책임감을 위한 자신의 고유한 목소리를 발견하는
것을 뜻한다.

특성: 그리스도인에게 하나님의 친밀함, 궁극적인 정체성, 자신의
목소리를 고양시키는 수단이다. 멘제(Menger)의 삶에 이미 현존하
는 하나님의 역사를 인식하는 방법이다.

그리스도인으로서 성품 형성과 인격 성장에 효과적인 모델이다.
최종 의사결정을 위한 하나님의 인도하심을 분별하는 효과적인 방
법이다. 성경 인물 중에서 역사적으로 검증된, 신앙여정을 위한 요
법이다. 특히 목회 사역의 한계시점 혹은 전환기에 효과적인 안전
장치다.

목적: 한 사람 멘토가 한 사람 멘제에게(마태16:13~20) — 신앙
고백을 할 수 있도록 인도하고 구원의 은혜에 감사함을 깨우쳐 주

고 ― 하늘나라에 소망을 둔 삶을 조언해 주면서 결국은 차세대 크리스천 지도자로 세우는 일이다.

2) 교회에서 멘토 필연성

크리스천 멘토는 또한 멘제에게 신앙의 스승이 되어 주는 유익이 있다. 구원받은 그리스도인일지라도 일생 동안 신앙으로 자라고 성화되어 가야 할 죄의 본성을 가진 존재들이기 때문에, 삶의 과정 속에서 신앙적으로 넘어지고 후퇴할 때가 있으며 그럴 때마다 신앙의 선배로서 위로와 격려, 기도로 도와주는 신앙의 스승이 있다는 것은 엄청난 인생의 자산이다.

이 귀중한 인적 자산들이 활용되지 못하고 있음은 안타까운 일이 아닐 수 없다. 이런 귀중한 자산의 사장(死藏)은 우리 교계와 사회는 물론, 하나님의 사역에도 막대한 손실을 입히게 되는 것이다.

3) 한국 교회 멘토링 필요성

인구의 25% 정도가 기독교이며 세계에서 가장 큰 대형 교회들이 몰려 있다고 자랑하는 한국 교회에 기독교인들의 생활의 열매가, 기독교인의 문화가 형성되어 있지 않다는 것은 자타가 공인하는 사실이다. 어느 논문에서 한국의 기독교인은 전체 인구의 25% 이상인데 해방 이후 정치, 경제, 사회 등 모든 분야에서 각종 대형 범죄 사건에 연루된 사람들 중 40%가 기독교인이라고 밝히고 있다.

또 몇 년 전 작고한 테레사 수녀가 생전의 한국방문 시 두 가지 놀라운 사실을 발견하였다는 신문 기사를 접한 적이 있다.

먼저, 한국 김포공항에 착륙하기 이전의 그 무수한 빨간 십자가로 상징되는 교회들의 수에 놀라움과 감동을 받았고, 그 다음 날 한국 곳곳을 방문하면서 기독교 문화를 거의 발견할 수 없어서 놀랐는데, "그 많은 교회들이 과연 한국에 어떤 영향을 미치고 있는가?"라는 질문에 부끄러움과 동감을 표하지 않을 수 없었던 것은 비단 필자만의 느낌이 아닐 것이다.

댈러스 신학 교회원생들 대상의 조사 보고서에서 신학생들에게도 자신의 인생에 중대한 영향을 미친 멘토가 1%도 없었다는 핸드릭스 박사의 보고는 멘토링이 신교회 안에서도 이루어지지 않고 있다는 것을 시사하고 있다.

각급 교회에서 단순히 지식을 가르치는 이외에, 학생들의 삶에 중대한 영향을 미칠 멘토들이 필요하다. 입시 위주의 주입식, 경쟁적 교육이 교육의 주류(主流)를 이루고 있는 한국에서, 인격과 인격이 교류되는 인성 교육이 이루어져야 하는 멘토링의 필요성이 그 어느 나라에서보다 절실히 요청되고 있다.

3. 교회 멘토링 도입 분야

1) 교회 조직개발 현상

일반적으로 목회를 하면서 보편적으로 범하기 쉬운 오류는 기존 교인 관리보다는 새신자 전도에만 열중하여 양적 성장을 이루어 눈에 보이는 성과를 높이려는 데에 있다. 새신자를 전도하기 위하여 교회는 적극적인 전도활동을 수행하지만, 그것이 그리 쉽지 않다는 사실을 곧 인식하게 된다. 왜냐하면 새신자를 전도하기 위해서는 상당한 예산과 노력이 들 뿐 아니라 최악의 경우에는 총동원 이벤트를 한 후에도 별로 정착하지 못하는 경우가 허다하기 때문이다. 반면 기존의 교인(평신도)을 관리 유지하는 것은 상대적으로 비용이 적게 들 뿐만 아니라 기존의 교인들에게 좋은 인상을 심어줌으로 새신자를 자연스럽게 전도할 수 있는 장점도 있다. 결국 새신자를 힘들여 전도하는 것도 중요하겠지만 그 이전에 허술하게 짜인 기존 교인 관리 프로그램을 보강하는 것이 우선시 되어야 한다는 것이다. 이렇게 기존 교인 관계를 유지, 강화하는 기법으로 북미 선진 교회에서 활용되고 있는 '1:1 멘토십'을 소개한다.

(1) 왜! 교인이 떠나는가?

(2) 문제는 무엇인가?

(3) 어떻게 그 문제를 해결할 수 있는가?

멘토링 활동에서는 이러한 점들이 1:1관계에서 도출됨으로 교회 목회 전략으로 충분한 대응이 가능하다.

2) 교회 조직개발 멘토십 전략

먼저 교회 조직개발 멘토링에서 아래와 같이 모델로 12가지 도입목표(Project)를 설정한 것이다. 막연히 돕는다, 안내한다, 상담한다, 코치한다, 조언한다, 해결해 준다 식의 멘토링은 조직의 효과성에는 거리가 먼 것으로 결론짓게 된다. 교회에 적용할 분명한 목표를 설정하고 프로젝트식으로 멘토링 사역을 추진한다면 반드시 목회성과에 놀랍게 기여할 것이다. 멘토링을 교회에 적용함에 있어 먼저 특정 사역부문을 선정하여 목표를 정하는 것이 무엇보다도 중요하다. 대부분 교회에서 외부의 간단한 사례나 특강수강 정도의 상식으로 막연하게 도입을 시도하려는 것은 실패 확률이 높다고 볼 수 있다. 멘토링코리아에서는 아래와 같은 멘토링 프로그램 목표를 교회 조직에 도입할 때는 교회마다 멘토링에 관한 전문 지식을 갖춘 자가 쉬운 목표별로 프로그램(Program)을 추진하되 교회 실행팀(TFTeam)을 구성하여 추진할 것을 권한다.

(1) 신입단계 멘토링(Getting Mentoring)

신입단계 멘토링은 새 신자, 전입교인을 대상으로 교회에 조속히 정착하는 것과 교회생활 기초를 닦는 것을 목적으로 시행하는 단계다. 교회 등록 전 구역 멘토링에서 역할을 해야 한다.

목표 1. 새 신자 정착 멘토링 프로그램

(2) 성장단계 멘토링(Growing Mentoring)

성장단계는 신입단계에서 등록교인으로서 적응하고 각 부서와 조직에서 활동하면서 학습과정 세례과정을 거쳐 정식교인이 되기 위한 멘토링 단계다.

목표 2. 학습지원 멘토링 프로그램

목표 3. 세례지원 멘토링 프로그램

목표 4. 양적 성장 출석률 향상 멘토링 프로그램

목표 5. 청소년 개발 멘토링 프로그램

(3) 사역단계 멘토링(Keeping Mentoring)

사역단계 멘토링은 교회에서 가장 중요한 단계다. 신입단계에서 등록한 교인들에 대해 유지 관리하는 단계인데 각 교회마다 앞문이 열려 있고 뒷문도 열려 있다는, 즉 교인관리에 취약한 상태를 말한다. 신입단계에서 전도 폭발이다, 교육이다 많은 비용을 투자하는데 막상 제대로 유지관리를 하지 못하기 때문에 좋은 교인을 줄줄이 놓치는 경우가 허다하다. 최근에는 좋은 교인은 놓치고 문제 교인만 남는다는 심각한 상황까지 이르고 있다. 그래서 멘토링에서는 아예 교인 유지 관리라는 소극적인 자세에서 '사역전문가'로 양성하는 멘토링 시스템을 적용하는 단계다. 특히 바람직스러운 것은 이 단계에서 일반교인과 목회자가 원하는 핵심사역 전문가를 선정하여 멘토링 프로그램을 적용한다면 더욱 질적 성장이 효과적일 것으로 생각된다.

목표 6. 질적 성장 사역자 개발 멘토링 프로그램

목표 7. Slump 교인회복 멘토링 프로그램

목표 8. 제자훈련 성경공부 멘토링 프로그램

목표 9. 여성인재 개발 멘토링 프로그램

목표 10. 중보기도 연결 멘토링 프로그램

(4) 리더단계 멘토링(Leadering Mentoring)

리더단계 멘토링은 야구의 홈인선수를 생각하면 된다. 첫째는 소수 인원이라는 것과 두 번째는 라운딩할 때 전 시스템이 잘해 주어야 성공할 수 있다는 것이다. 한 사람만 잘해 가지고는 성공 확률이 극히 낮다는 것이다. 한국 교회의 문제는 바로 리더단계인 교회 핵심인재 및 후계자를 양성하는 시스템이 미약하다는 것이다. 그 이유는 상위직으로 갈수록 목회자 독단운영체제에서 비공개적으로 리더격 인재가 선발되기 때문으로 볼 수 있다. 그로 인하여 목회 세습이다. 자기 사람만 키운다는 불화요인이 교회마다 문젯거리로 대두되고 있는 실정이다. 해외에서는 리더개발 체제가 제대로 되어 있기 때문에 공정하고 경쟁적인 시스템에 의해서 우수한 인재가 선발되어 교회가 CEO나 주요 직분자가 바뀌더라도 큰 문제없이 운영되고 있다. 국내에서도 최근 사랑의교회(옥한흠~오정현 목사) 에서 교회 CEO 멘토링에 좋은 모델을 보여주어 벤치마킹자료로 활용될 수 있기를 기대한다.

목표 11. 핵심직분자 및 후계자 개발 멘토링 프로그램
목표 12. 목회자, 선교자 개발 멘토링 프로그램

4. 교회 시스템 도입 실무

1) 멘토링 활동의 적용 실제

(1) 새 신자 정착률 향상(앞문 여는 전략) 멘토링
  - 새로운 신자와 새 신자 멘토 교사를 1:1로 연결
  - 새로운 신자와 성숙교인을 1:1로 연결
(2) 지도자, 직분자개발 멘토링
  - 교회에서 지도자 개발 대상자를 선정하여 교회 중직자 멘토와 1:1로 연결

– 부교역자와 담임 교역자를 1:1로 연결

– 평신도중 지도자 대상자와 교회직분자 멘토를 1:1로 연결

(3) 잠재교인 개발(평신도개발) 멘토링

– 초신자나 신급이 낮은 자와 직분자 멘토를 1:1로 연결

– 경력이나 전문지식을 갖춘 초신자와 직분자 멘토를 1:1로 연결

(4) 청소년개발 멘토링

– 청소년과 교회직분자 멘토를 1:1로 연결

– 청소년과 모범청소년 멘토를 1:1로 연결

(5) Slump 교인 회복(뒷문 닫는 전략) 멘토링

– Slump교인과 중보기도 멘토를 1:1로 연결

– Slump교인과 후원자 멘토를 1:1로 연결

2) 멘토링 활동의 적용 예시

멘토그룹	멘투링 프로그램	멘제그룹
멘토(Mentor)로는	멘토링 12개월 활동	멘제(Menger)로는
* 교사나 구역장 * 직분자(장로, 권사, 집사) * 경력자나 전문가 * 목회자 * 모범청소년	* 멘토링 관리 프로그램 * 멘토링 교육 프로그램 * 멘토링 활동 프로그램 * 멘토링 평가 프로그램	* 교사나 구역장 * 직분자(장로, 권사, 집사) * 경력자나 전문가 * 목회자 * 모범청소년
* 상호 감사의 뜻 전달	* 목표달성 시 종결	*상호 감사의 뜻 전달
위 활동을 반복해서 수행함		

3) 멘토링 시스템 구축방법

교회 멘토링 운영위원회			
멘토링 매니저(TFTeam)		멘토링 매니저(TFTeam)	
멘토/멘제 쌍	멘토/멘제 쌍	멘토/멘제 쌍	멘토/멘제 쌍

(1) 멘토링 위원회: 멘토링 실무를 전담하는 자로서 멘토링의 계획과 각종 자료를 관리한다.

(2) 멘토링 TFTeam: 멘토링 활동에서 예를 들면, 각 주일교회별, 구역별별, 전도회별 멘토링 프로그램을 전문 관리하고 모니터링을 할 수 있는 요원으로서 조언해 주며 활동 보고 내용을 통하여 관리한다(매니저, 모니터로 호칭).

(3) 멘토링 쌍: 멘토링 활동을 전제로 연결된 쌍으로 먼저 성격분석을 통하여 가장 잘 조화되는 쌍을 우선으로 연결하고 멘토링의 목적과 의도에 맞게 활동을 한다.

  − 멘토링 활동에서 주체가 되는 멘토, 멘제 한 쌍이다.

4) 멘토링의 성공조건

− 교회라는 조직의 특성상 먼저 담임목사가 주도하여 전 교인에 멘토링 마인드를 조성해야 한다.

− TF팀을 구성하여 1∼2명 정도는 멘토링 전문요원으로 양성해서 멘토링 저용방법부터 활동에 이르는 과정을 관리하고 모니터링을 해야 한다.

− 처음에는 전 분야에 적용하는 것보다는 특정부서나 특수목회

(예 - 새 신자 멘토링, 중보기도 멘토링 등)를 선정하여 집중을
할 수 있도록 한다.
- 멘토링 활동에는 사전에 숫자개념의 목표율을 정하여 책임 있
게 추진한다.

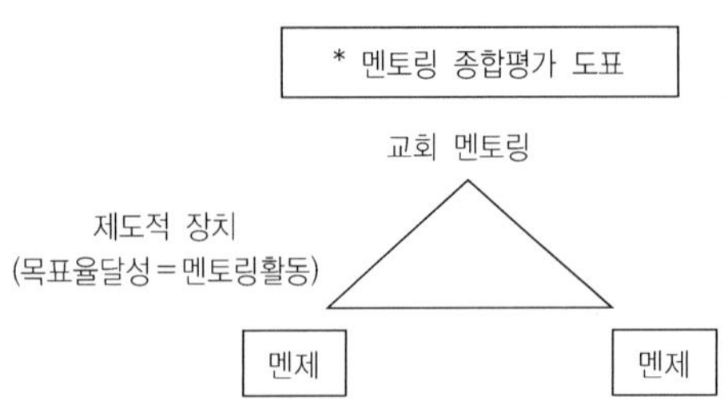

5) 멘토링 프로그램 효과

(1) 목회자와 평신도 간에 사역의 균형이 유지됨으로 목회자는
본연의 임무에 충실할 수 있다.

(2) 공동체 교회 분위기가 조성되어 따뜻한 분위기와 인간미가
넘치는 교회로 소문이 날 수 있다.

(3) 멘토를 양성함으로 인하여 소명의식, 사명의식, 창의의식이 개
발됨으로 인격과 신앙을 겸비한 중간지도자를 기를 수 있다.

(4) 새 신자 정착률이 월등히 향상되어 멘토링 이전의 정착률보
다 이후의 정착률이 80～90% 가능하다.

(5) 그동안 1:1 성경공부로 제자훈련이 잘된 자들을 멘토로 전환
하여 현장 사역자로 활용할 수 있다.

(6) 평신도 개발 전략으로 각 기관, 각 부서에 사역활동이 원활해

지며 새 신자 멘토링에서 앞문 열고, 평신도 유지율 향상 멘토링에서 뒷문 닫는 전략이 될 수 있으므로 교회가 질적, 양적으로 크게 성장되고 목회혁신의 지름길이 될 수 있다.

1. 공기관 멘토링의 필요성

1) 관료적 조직문화 멘토링

조직사회 멘토링에서 대면접촉 등 멘토링을 저해하는 가장 큰 장벽은 '조직문화(organization Culture)'에 있다.

조직문화에 대한 정의는 사람에 따라 다양한 의견을 제시하고 있지만, 일반적으로 조직의 기본 가치나 사상, 운영 방식, 규정 등 조직운영에 대한 구성원들의 공유된 신념이라고 정의할 수 있다.

이러한 조직 문화는 조직 내 구성원들의 생각과 행동에 많은 영향을 미치게 된다. 일반적으로 어느 한 사람의 독특한 생각이나 행동은 조직 내에서 용인받을 수 없기 때문이다.

경영학자인 워라크(Wallach)는 조직 문화를 다음의 도표와 같이 크게 세 가지 유형으로 구분하고 있다.

첫째, '관료적 문화(Bureaucratic Culture)'로서 주로 계층과 서열의식, 규정과 절차 등을 중시한다.

둘째, '혁신적 문화(Innovation Culture)'로서 주로 성과 창출, 목표

달성, 도전적 모험 등을 중시한다.

셋째, '지원적 문화(Supportive Culture)'로서 주로 상호협동, 신뢰 존엄성 등을 중시한다.

결국 이러한 각 문화의 특성을 살펴보면, 멘토링 활동에 가장 도움되는 것은 바로 지원적 문화임을 알 수 있다. 즉 지원적 문화로 인해 사람들 간에 수평적, 수직적 커뮤니케이션이 활발해지고, 상호협동의 문화가 형성될 경우 멘토링의 효과를 높일 수 있기 때문이다.

반면, 지원적 문화의 특성 중 하나인 개인적 자유의 존중이 지나칠 경우 멘토링 활동에 방해가 될 수 있다. 개인주의적 문화는 구성원 간의 과당한 경쟁의식을 불러일으켜 대인접촉을 꺼리게 만들기 때문이다.

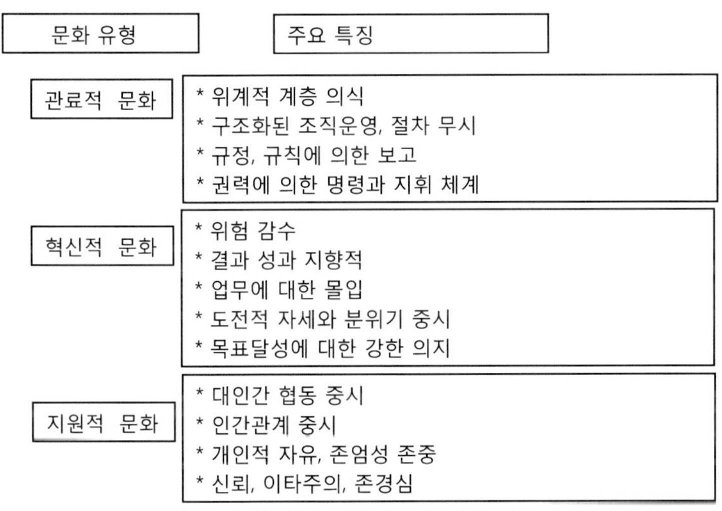

조직문화의 유형별 특징

그런데 오늘날 관료조직의 업무 성향을 보면 점차 지원적 문화보다는 업무성과 등을 중요시하는 혁신적 문화 쪽으로 흐르고 있음을 알 수 있다. 물론 나름의 장점이 있긴 하지만, 혁신적 문화에서는 상대적으로 타인에 대한 진지한 배려나 관심보다는 개인의 업적을 우선시하기 때문에 자칫 지나친 경쟁의식으로 인해 멘토링 활동을 부분적으로 방해할 수 있다.

예를 들어 상사나 팀장의 관계가 철저히 보고나 절차를 통해 형성된다든가, 목표 달성이나 성과 창출 정도 등에 따라 개개인의 업적이 평가될 경우, 수직적으로나 수평적으로 자연스러운 대면접촉이나 정서적인 분위기 조성이 어려워지기 때문이다.

이러한 경우 겉으로는 서로 웃으면서 지낼 수 있지만, 내면적으로는 철저한 권위 의식과 경쟁심이 자리 잡고 있기 때문에 진심으로 서로를 배려하는 유기체 조직을 구축하기 위해서는 시스템적으로 접근하는 제도적 멘토링이 필수적으로 대두하게 된다.

2) 공기관 시스템 도입전략

(1) 공기관 멘토링 도입의미

오늘날 대부분 멘토링을 도입하고 있는 조직에서는 무계획적으로 멘토와 멘제를 매칭해 놓고 아무런 조치 없이 방치한 경우, 멘토와 멘제가 서로 말도 하지 않는 경우, 심지어는 멘토가 멘제의 경력 발전을 방해하는 경우까지 속출하고 있는 실정이다.

이와 같이 많은 조직들이 멘토링을 단순한 미봉책으로 대응하고 있다고 해도 과언이 아니다. 멘토링을 장기적으로 이끌어 가는 데 필요한 조직 문화나 내부지원이 결여된 조직이 많다는 것이다.

우리는 지속적인 연구와 실천을 통해 멘토링 프로그램을 체계적으로 도입하고 개선하고 잠재적 문제에 대하여 시스템적 사고로 예방책을 강구하여야 한다.

각 조직에서는 멘토링 제도를 도입함에 있어 운영자원, 즉 사람투자, 시간투자, 자금투자가 필연적으로 따르게 된다.

이러한 자원투자가 있으면 반드시 성과를 챙기는 것이 조직 경영의 기본 상식이다. 그러므로 업무능력 향상을 위하여 멘토링 제도를 체계 있게 운영하기 위해서는 기본적인 형태의 틀(Format)이 요구된다.

(2) 공기관 멘토링 접근방법

조직에 적용하는 제도적 멘토링이란 조직이 멘토링 관계의 설정, 프로세스 모니터링, 프로그램 결과에 대한 책임 활용 등 멘토링에 관련된 모든 제반 활동을 주도적으로 이끌어 가는 방식을 말한다. 공식적 멘토링을 통해 조직이 얻고자 하는 주요 목적은 다음과 같다.

① 업무능력의 향상

② 대민 서비스 스킬 향상

③ 신규직원 적응력 향상

④ 조직문화의 개선

⑤ 부서 간 업무 공유

⑥ 상하 간 커뮤니케이션의 활성화

⑦ 중간 관리층의 리더십 강화

2. 공기관 시스템 도입 실무

1) 멘토링 활동목표 주제 적용 실제

(1) 신규직원 정착률 향상 멘토링

- 신규직원과 선배직원을 1:1로 연결한다.
- 신규직원과 경력자 및 전문가를 1:1로 연결한다.

(2) 업무능력 향상 멘토링

- 신규직원 및 새 보직직원과 기존 업무 우수직원을 1:1로 연결한다.
- 전문가 양성 대상자와 전문가 및 기술직원을 1:1로 연결한다.

(3) 상하 인간관계 활성화 멘토링

- 고충이나 애로사항이 있는 자와 상급직원을 1:1로 연결한다.
- 평직원과 상급직원을 1:1로 연결한다.

(4) 마케팅 기술력 향상 멘토링

- 마케팅부서 신규직원 및 새 보직직원과 부서 고참직원을 1:1로 연결한다.
- 평직원과 우수 계약실적 직원을 1:1로 연결한다.

(5) 대민서비스 기술 향상 멘토링

- 대민 담당직원과 민원 우수직원을 1:1로 연결한다.
- 평직원과 고참경력 직원을 1:1로 연결한다.

2) 멘토 활동의 적용 예시

멘토그룹	멘토링 프로그램	멘제그룹
멘토(Mentor)로는	멘토링 12개월 활동	멘제(Menger)로는
* 기존 모범직원 선발 * 관리자급 직원 선발 * 전문 기술자급 선발 * 간부급 직원 선발 * 우수 퇴임공직자 선발	* 멘토링 관리 프로그램 * 멘토링 교육 프로그램 * 멘토링 활동 프로그램 * 멘토링 평가 프로그램	* 신규직원 * 새 보직직원 * 잠재역량 직원 * 슬럼프직원 * 간부급 후보직원
* 상호 감사의 뜻 전달	* 목표 달성 시 종결	* 상호 감사의 뜻 전달
위 활동을 반복해서 수행함		

3) 멘토링 시스템 구축방법

공공기관 멘토링 운영위원회			
멘토링 TFTeam - 매니저			
멘토/멘제 쌍	멘토/멘제 쌍	멘토/멘제 쌍	멘토/멘제 쌍

(1) 멘토링 위원회: 멘토링 운영을 전담하는 자로서 멘토링의 계획과 각종 자료를 관리한다.

(2) 멘토링 TFTeam: 멘토링 활동에서 예를 들면, 각 부서별, 각 센터별 멘토링 프로그램을 전문 관리하고 모니터링을 할 수 있는 요원으로서 조언해 주며 활동 보고 내용을 통하여 관리한다(매니저, 모니터로 호칭).

(3) 멘토링 쌍: 멘토링 활동을 전제로 연결된 쌍으로 먼저 성격분석을 통하여 가장 잘 조화되는 쌍을 우선으로 연결하고 멘토링의 목직과 의도에 및세 활동을 한다.

　- 멘토링 활동에서 주체가 되는 멘토, 멘제 한 쌍이다.

4) 멘토링 프로그램의 성공요건

공공기관이라는 조직의 특성상 먼저 기관장이 주도하여 전 직원에 멘토링 마인드를 조성해야 한다. TFT(Task Force Team)를 구성하여 1~2명 정도는 멘토링 전문요원으로 양성해서 멘토링 적용방법부터 활동에 이르는 과정을 관리하고 모니터링을 해야 한다.

처음에는 전 분야에 적용하는 것보다는 특정부서나 특정업무(예: 신규직원 멘토링, 업무능력향상 멘토링 등)를 선정하여 집중할 수 있도록 한다. 멘토링 활동에는 사전에 전량(경제) 개념의 목표율을 정하여 책임 있게 추진한다.

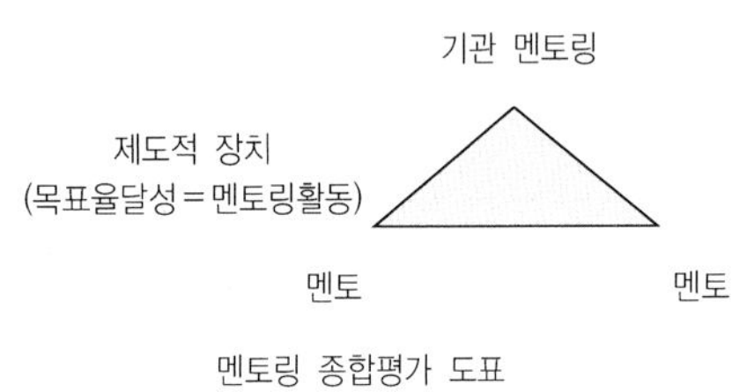

멘토링 종합평가 도표

5) 멘토링 활동의 효과

(1) 단기간에 최소의 비용으로 높은 효과를 나타낸다. 또한 조직이 견고해지며, 창의성과 자율성이 강해진다.

(2) 상하 간 인간관계 활성화와 부서 간 인적 Networking이 촉진되어 조직 전체가 최상의 성과를 내는 유연한 조직으로 발전시킬 수 있다.

(3) 인간관계 활성화 촉진 – 멘토링 시스템을 통해 상급자, 동료,

부하 직원, 그리고 가정 식구와도 인간관계 활성화 촉진이 이루어진다.

(4) 업무능률 효율성 제고 – 상급직원을 멘토로 하고 하급직원을 1:1로 연결해 줌으로 직접 업무적으로 도울 수 있어 업무숙달이 이뤄졌다.

(5) 인재개발 리더십개발 – 멘토링 활동을 통하여 멘제는 멘토링을 통해 멘토의 지식을 학습받고 직접 현장에서 실습할 기회로 멘제 등 부하직원 인재개발 리더십이 개발된다.

(6) 조직 구성원 간 융합 – 부서 간 멘토/멘제가 종적 횡적으로 연결돼 인적 Network가 형성됨으로 부서 간의 장벽이 자연스럽게 무너지고 조직 전체가 전략적인 의식 전환으로 융합이 이루어졌다.

(7) 바람직한 조직 문화형성 – 오늘날 조직에서 심각한 문제로 대두되는 조직 구성원의 자기중심 이기적인 가치관에서 타인을 (멘토/멘제 상호 간 배려) 배려하는 따뜻한 분위기 조성이 이루어진다.

(8) 전 직원을 우수직원으로 향상시킬 수 있으며, 자신의 자질을 발휘할 기회를 주고 인간관계를 통하여 특히 이직률이 높은 고난도 업무 당자의 정착률을 높일 수 있는 획기적인 방법이다.

(9) 멘토링 자체가 지식경영이며(지식의 창조, 저장, 활용, 공유가 멘토링 활동 자체임) 지식경영의 가장 핵심인 암묵지의 형식지화와 공유가 아주 자연스럽게 일어난다. 멘토링은 좁게는 일종의 형식지 공유라고도 볼 수 있다.

6장

청소년 도입방법

1. 청소년 멘토링의 필요성

'초딩'이 대통령에게까지 욕설을 퍼붓는 세상이다. 과연 잘돼 가는 세상일까. 초등학생에게도 불만은 있을 수 있다. 그러나 의사표시 방법으로서 욕설은 문제가 많다. 상대가 대통령이어서가 아니다. 욕설 그 자체가 우리 사회를 감정 폭발의 사회로 만들어 가기 때문이다.

욕설을 한두 번 안 해 본 사람은 없을 것이다. 불만스러운 일이 생겼을 때나 어처구니없는 일을 당했을 때, 억울함이 극에 달했을 때는 분노가 폭발한다. 그 분노를 주먹으로 표현하면 폭력이 되고 말로 표현하면 욕설이나 공격적인 언사가 된다. 욕설은 언어적 폭력인 셈이다.

이 나라에 아동·청소년에 대한 인성교육이 존재하는지 의문이다. 아이들이 욕설을 하든, 침을 뱉든 오냐오냐하기에 급급하다. 음식점에서 소리치고 다니든, 전철에서 천방지축으로 뛰어다니든, 인터넷에서 무슨 소리를 퍼붓든 제대로 가르치는 이들이 없다. 부모에게 대들거나 선생님에게 대들어도 속수무책이다. 지도를 포기한

지는 오래인 듯하고 오히려 아이들을 달래는 데 급급하다.

왜 이럴까. 첫째, 부모나 선생님들이 지도를 반드시 해야 한다는 원칙을 지키지 않기 때문이다. 어린아이들의 욕설은 습관이다. 주먹질 같은 폭력도 마찬가지다. 어린이들은 아직 사리 분별력이 성숙한 시기가 아니기 때문에 욕설 및 폭력의 의미나 결과에 대해 인식이 적다. 단순한 감정 표출 방법으로 인식해 습관적으로 실행할 뿐이다. 따라서 그 습관은 바로잡아 주어야 한다. 세 살 버릇 이야기는 아무리 강조해도 지나침이 없다.

둘째, 지도의 방법을 잘못 선택하기 때문이다. 아이들이 나쁜 행동을 했을 때 어른들은 대체로 야단치며 윽박지르는 방법을 사용한다. 심지어 소리치고 때리기까지 한다. 이는 옳은 방법이 아니다. 오히려 잘못된 행동 패턴을 가르칠 뿐이다. 아이들은 야단치는 소리에 순간 잘못임을 깨닫기는 한다. 그러나 이는 자신이 스스로 깨닫는 것이 아니라 타력에 의해 알게 되는 것이다.

그래서 깨달음의 효과가 적다. 또한 소리치고 야단치는 방식을 그대로 답습해 배운다. 나아가 반발심을 일으켜 사태를 더 악화시키기도 한다.

어린이·청소년에 대한 기초 인성교육을 획기적으로 강화해야 한다. 부모나 선생님이 아이들의 잘못에 대해 기를 살려 준다는 명목으로 오냐오냐해서는 안 된다. 기는 살려 주되, 가르칠 것은 가르쳐야 한다. 대신 강압적인 방법을 써서는 안 된다. 마음을 움직이는 방법을 써야 한다. 스스로 감동해 깨닫게 하는 방법을 선택해야 한다.

오늘날 멘토링은 청소년 지도에 최선의 프로그램으로 인정받고 있다. 왜냐하면 특히 부모 입장에서는 자녀들에게 공정성과 객관성에서 자녀들에 취약성을 드러내고 있기 때문이다.

멘토링은 인류 역사 이래로 우리 사회에 깊숙이 자리 잡아 왔다. 특히 멘토링의 첫출발은 청소년을 상대로 한 멘토링이다. 아래 3가지 청소년 멘토링의 유래를 살펴본다면 오늘날 우리 사회에서 청소년 문제에 관한 보완 프로그램으로 크게 활용될 수 있을 것으로 사료된다.

1) 유대인은 이 세상에 유일하게 청소년 문제가 없는 나라로, 한편으로는 청소년과 어른들과 세대 차이가 없는 나라로 인정받고 있다. 유대인의 멘토링의 흐름을 살펴보기로 하자.

BC 13세기에 유대인의 할례식(성경 중 모세 오경)에 잔탁(Zantak)이라는 멘토가 등장하여 부모보다는 어린이를 위하여 공정성과 객관성을 유지하면서 신앙지도와 사회생활 지도를 책임졌던 것을 알 수 있다. 그 잔탁제도는 오늘날 유대인들에게는 가정에서는 부모가 멘토 역할, 학교에서는 랍비가 멘토 역할, 사회에서는 대부가 멘토 역할을 충실히 수행하고 있음을 유의해야 한다.

2) 호머의 저서 그리스 신화에서 멘토제도다. 어린 왕자를 두고 트로이 전쟁(BC 1250년)에 출정한 오디세우스 왕은 친구인 멘토를 가정교사로 세웠다. 이 멘토는 20년간 수학·철학·논리학(오늘날 지·정·의＝인격으로 상징)을 학습교재로 훌륭한 왕으로 성장시켰다는 내용이다.

여기에 등장하는 멘토의 학습교재에 우리는 참고해 볼 필요가 있다. 바로 수학(知), 철학(情), 논리학(意) 바로 멘토링은 인격개발 프로그램인 것을 알 수 있다.

바로 전인교육의 출발점으로 오늘날 청소년 멘토링에서도 현행 학교에서 학력 위주의 교육을 보완하는 차원에서 청소년 멘토는 전문적 지원, 정서적 지원, 윤리적 지원 등 전인적 지원의 멘토링 으로 올바른 개념 설정이 필요한 것이다.

3) 미국에서 최초로 멘토링 활동은 1904년에 설립한 청소년 멘토링 제도인 BBS(Big Brother System)이다. 이를 기반으로 1970년 대부터 기업·학교·대학·교회·공공기관 등 일반조직으로 멘토링 활동이 확산된 것이다.

2. 학교 청소년 멘토링

1) 학교 청소년 멘토링 적용 분야

(1) 학생지도활동(우수, 잠재, 슬럼프 학생)
- 선생님과 집중지도 대상학생을 1:1로(지도대상이 많은 경우에는 선생님 한 명당 여러 명을 할당) 연결하여 지도한다.
- 집중 지도학생은 아래의 학습활동 또는 특별활동을 하는 과정에서 발견

(2) 학습 지도활동
- 자신의 부족한 부분을 신청, 잘하는 학생이 지도하고 보충해 주는 제도
- 학생 개인지도(Student Tutoring): 상급학생이 저학년생을 개인지도(초등학교의 경우, 6학년이 3학년을, 5학년이 2학년을, 4

학년이 1학년을 지도)하는 방법

- 동급생 개인지도(Peer Tutoring): 동급생끼리 개인 지도한다.

- 교사-학생 개인지도(Mentor-Menger 개인지도): 교사가 학생을 개인 지도한다.

(3) 특별활동, 재능활동, 여가활동

- 예체능활동, 컴퓨터, 기타 재능활동 및 여가·취미활동과 봉사활동(교내, 사회)을 학습 활동에서와 같은 방법으로 시행하며, 사회 봉사활동과 같은 경우는 봉사활동 대상자와 특정 기간 동안 1:1 또는 반(소그룹)학생들과 대상자와 1:1로 연결하여 돌아가면서 봉사활동을 전개한다.

(4) 신입생 조기정착 활동

선배학생과 신입생을 1:1로 연결하여 학교생활을 보살펴 주면 조기정착이 가능하고 왕따 슬럼프 차별 대우 등이 방지되고 아울러 학부형이 안심한다.

2) 멘토링 활동의 적용 예시

멘토그룹	멘토링 프로그램	멘제그룹
멘토(Mentor)로는	멘토링 12개월 활동	멘제(Menger)로서는
· 교사	* 멘토링 관리 프로그램	· 신입생
· 모범학생	* 멘토링 교육 프로그램	· 학습부진 학생
· 학부형	* 멘토링 활동 프로그램	· 왕따 대상 학생
· 사회지도층 인사	* 멘토링 평가 프로그램	· 문제 학생
· 특기소유 교사/학생		· 소년·소녀가장
· 동문		
*상호 감사의 뜻 전달	* 목표 달성 시 종결	*상호 감사의 뜻 전달
위 활동을 반복해서 수행함		

3) 멘토링 시스템 구축방법

학교 청소년 멘토링 운영위원회			
멘토링 매니저(TFTeam)		멘토링 매니저(TFTeam)	
멘토/멘제 쌍	멘토/멘제 쌍	멘토/멘제 쌍	멘토/멘제 쌍

(1) 멘토링 위원회: 멘토링 실무를 전담하는 자로서 멘토링의 계획과 각종 자료를 관리한다.

(2) 멘토링 TFTeam: 멘토링 활동에서 예를 들면, 각 학년별, 각 학급별 멘토링 프로그램을 전문 관리하고 모니터링을 할 수 있는 요원으로서 조언해 주며 활동 보고 내용을 통하여 관리한다(매니저, 모니터로 호칭).

(3) 멘토링 쌍: 멘토링 활동을 전제로 연결된 쌍으로 먼저 성격분석을 통하여 가장 잘 조화되는 쌍을 우선으로 연결하고 멘토링의 목적과 의도에 맞게 활동을 한다.

－멘토링 활동에서 주체가 되는 멘토, 멘제 한 쌍이다.

4) 멘토링의 성공요건

(1) 우리나라 학부모들의 성향으로 볼 때, 자신의 자녀가 다른 학생을 지도하는 것을 쉽게 인정하려 하지 않을 것이므로 동기부여를 위한 외부의 강제성(제도적 장치)을 가져야 할 것으로 본다. 그 방안으로서는 현재 봉사활동에 대한 평점적용 부분을 Mentor로서 활동(학습지도, 특별활동지도, 봉사활동 등)한 결과를 가지고 대체하되, 그 비중을 상향 조정함으로써 멘토를 자원하도록 유도한다.

(2) 멘토링 결과에 대한 정기 평가대회(발표대회)를 통하여 우수 팀을 선발 장려하고, 멘토와 멘제로 연결된 학생 상호 간의 부모에게도 반드시 통보하여 두 가정에서도 관심과 격려를 하게 하며, 때로는 두 가정도 관계를 형성하여 서로 감사하는 삶을 살도록 유도한다.

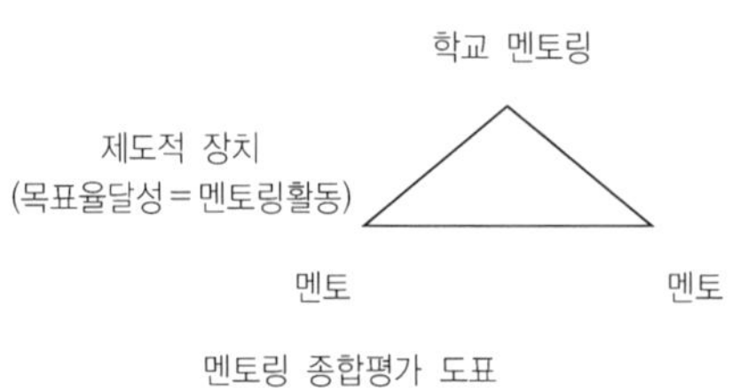

멘토링 종합평가 도표

5) 학교 멘토링 기대효과

(1) 집단 따돌림(왕따) 문제 해결

집단 따돌림의 문제는 관계의 단절을 의미하며, 반면 멘토링은 건강한 관계형성을 의미하기 때문에 멘토링의 도입은 곧 학생과 학생, 선생님과 학생 사이의 관계형성(지도활동, 학습활동, 취미활동, 특기활동 등)을 통하여 집단 따돌림을 원천적으로 없앨 수 있으며, 혹 발생되었다 할지라도 멘토링 활동 중 쉽게 그 사실을 발견하여 학생－학생 또는 교사－학생 멘토링으로 치료할 수 있다.

(2) 면학 분위기 조성과 사교육비 문제 해결

학생 상호 간에 부족한 학생을 개인 지도하는 과정에서 학교 전체의 면학 분위기가 조성되며, 전체 학생(배우는 학생은 물론이고,

가르치는 학생들도 더 확실한 지식으로 정착)들의 성적 향상을 꾀할 수 있고, 나아가 사교육비를 근절할 수 있다.

(3) 지도력과 지식인의 양성

다른 학생을 지도함으로써 지도력(Mentorship)과 인간관계 훈련 및 자신의 지식을 활용하는 살아 있는 지식으로 만들 수 있다.

(4) 과학적인 자료에 의한 학생지도

멘토링 활동 과정을 모니터링한 자료와 보고 자료를 근거로 학생 개개인에 맞는 진로(진학)지도, 잠재능력개발, 최선의 해결방법 탐색 능력 개발 등의 학생지도를 과학적 근거에 의하여 실시할 수 있다.

(5) 무엇보다 선생님을 존경, 동료 사랑의 인간존중의 태도를 기를 수 있다.

① 1:1로 활동하면서 서로의 학생 집도 방문하고, 심지어는 두 가족끼리 야외에도 가면서 학생들을 위로하고 격려하는 동안에 타인의 어려움을 알고 베풀 수 있는 인간으로 성장하며

② 봉사활동 역시, 비록 형식적으로 시작한 경우까지도 1:1의 관계를 형성하며 지속적인 관계 속에서 진실이 싹트게 되며

③ 선생님과 학생 간에서도 1:1관계에서 깊숙한 내면의 세계까지 이해하면서 존경과 사랑이 자리하게 된다.

3. 교회 청소년 멘토링

1) 교회 청소년 멘토링 적용 분야

(1) 학업지도 위한 멘토링 활동
- 청소년들의 전반적인 학업 능력을 향상시키는 데 초점을 맞춘
  다. 청소년들의 성적 향상, 출석률 향상, 학교 탈락률 감소 등
  이 세부 목표가 된다.

(2) 진로지도 위한 멘토링 활동
- 청소년들이 자신의 적성과 흥미를 발견하여 미래의 비전을 세
  우고, 필요한 정보와 기술을 제공하는 데 초점을 둔다.

(3) 개인성장 위한 멘토링 활동
- 여러 가지 위기에 처해 있는 청소년들이 멘토와의 개인적인
  관계를 통해 어려움을 극복하고, 정상적인 발달을 성취하도록
  돕는 데 초점을 둔다.

(4) 인재개발 위한 멘토링 활동
- 청소년과 교회 직분자 멘토를 1:1로 연결
- 청소년과 모범 청소년 멘토를 1:1로 연결

(5) Slump 회복을 위한 멘토링 활동
- Slump 청소년과 교사 멘토를 1:1로 연결
- Slump 청소년과 직분자 멘토를 1:1로 연결

2) 멘토링 활동의 적용 예시

멘토그룹	멘토링 프로그램	멘제그룹
멘토(Mentor)로는 * 교사 * 직분자(장로, 권사, 집사) * 목회자 * 모범청소년 * 학부형 * 상호 감사의 뜻 전달	멘토링 12개월 활동 * 멘토링 관리 프로그램 * 멘토링 교육 프로그램 * 멘토링 활동 프로그램 * 멘토링 평가 프로그램 * 목표 달성 시 종결	멘제(Menger)로는 * 초·중·고 학생 * 신입생 * 진로 대담 대상 학생 * Slump 학생 * 출석부진 학생 * 상호 감사의 뜻 전달
위 활동을 반복해서 수행함		

3) 멘토링 시스템 구축방법

교회 청소년 멘토링 운영위원회			
멘토링 매니저(TFTeam)		멘토링 매니저(TFTeam)	
멘토/멘제 쌍	멘토/멘제 쌍	멘토/멘제 쌍	멘토/멘제 쌍

(1) 멘토링 위원회: 멘토링 실무를 전담하는 자로서 멘토링의 계획과 각종 자료를 관리한다.

(2) 멘토링 관리자: 멘토링 활동에서 예를 들면, 각 주일 학교별, 구역별, 전도회별로 멘토링 프로그램을 전문 관리하고 모니터링을 할 수 있는 요원으로서 조언해 주며 활동 보고 내용을 통하여 관리한다(매니저, 모니터로 호칭).

(3) 멘토링 쌍: 멘토링 활동을 전제로 연결된 쌍으로 먼저 성격분석을 통하여 가장 잘 조화되는 쌍을 우선으로 연결하고 멘토링의 목적과 의도에 맞게 활동한다.

   – 멘토링 활동에서 주체가 되는 멘토, 멘제 한 쌍이다.

4) 멘토링의 성공 요건

- 교회라는 조직의 특성상 먼저 담임목사가 주도하여 주일학교를 비롯하여 전 교인에 멘토링 마인드를 조성해야 한다.
- 각 기관이나 부서별로 TF팀을 구성하여 1~2명 정도는 멘토링 전문요원으로 양성해서 멘토링 적용방법부터 활동에 이르는 과정을 관리하고 모니터링을 해야 한다.
- 청소년 부서 주일학교에서도 처음에는 전 분야에 적용하는 것보다는 특정부서나 특수 업무(예: 신입생 정착 멘토링, 학습지도 멘토링 등)를 선정하여 집중을 할 수 있도록 한다.
- 멘토링 활동에는 사전에 숫자개념의 목표율을 정하여 책임 있게 추진한다.

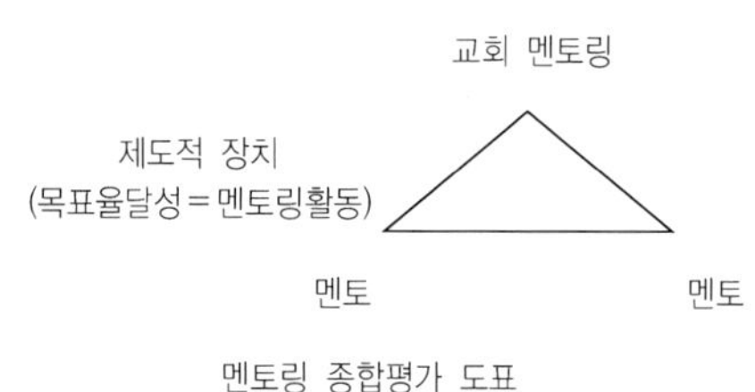

멘토링 종합평가 도표

5) 멘토링 프로그램 효과

(1) 청소년들에게 정서적인 격려가 된다

아무리 험난한 위기나 낙심되는 어려움을 만날지라도 결코 어렵거나 힘들지 않다. 그리고 모두들 자신이 만난 어려움을 비난하고 외면하지만 멘토는 결코 내버려 두지 않고 오히려 적극적으로 문제에 참여해서 해결책을 준다. 그래서 멘토를 통한 정서적인 안정감을 가지므로 잘못된 결정을 내리는 실수를 사전에 막을 수 있게 된다.

(2) 청소년들이 지적인 격려를 받을 수 있다

우리 주위에서 우리를 지적인 면을 자극하는 날카로운 멘토가 있다면 그는 항상 지혜가 부족해서 겪는 어려움은 당하지 않아도 될 것이다. 그는 우리의 뇌세포가 죽지 않고 둔화되지 않도록 계속해서 도전을 주고 자기 발전에 게으르지 않도록 도와준다.

(3) 청소년들에게 영적인 격려가 된다

멘토는 상대방 자신이 처한 상황을 객관적으로 잘 파악하고 그 상황에 맞게 적절한 말씀으로 격려함으로써 영적으로 슬럼프에 빠지지 않도록 도와준다. 또한 보다 성공적인 삶을 살도록 영성을 키워준다. 뿌리칠 수 없는 세상의 유혹도 이 멘토의 영적 영향으로 능히 이기고 하나님 앞에서 거룩한 삶을 살 수 있도록 해 준다. 그래서 능력 있는 그리스도인의 삶을 살아갈 수 있게 만들어 준다.

4. 사회 청소년 멘토링

1) 사회 청소년 멘토링 적용 분야

(1) 관계촉진 멘토링 활동
 - 자기 소개하기   - 중요한 타인에 대해 이야기하기

- 함께 식사하기   - 질문교환하기

- 박물관이나 미술관 탐방   - 학교생활에 대해 이야기하기

- 좋은 음악나누기   - 안부카드 나누기

(2) 학습지원 멘토링 활동

- 멘제의 요구 파악   - 흥미와 자신감 고취

- 학습방법 점검   - 학습계획수립 및 정기 점검하기

- 시간 관리표 만들기   - 학습의 구체적 기술 제공

- 효율적 시간 관리를 위한 토론

(3) 진로지도 멘토링 활동

- 이력서 써보기   - 모의 면접 연습하기

- 직장 견학   - 직장체험

- 체험 소감 나누기

(4) 다양한 문제해결 기술 습득 멘토링 활동

- 문제에 대한 정의   - 문제해결 과정에 대한 이해

- 문제해결 과정 적용연습   - 자신의 스트레스기술 이해

2) 멘토링 활동의 적용 예시

멘토그룹	멘토링 프로그램	멘제그룹
멘토(Mentor)로는 · 사외 지도층 인사 · 대학생 · 자원봉사자 · 청소년 상담사 · 청소년 지도사	멘토링 12개월 활동 * 멘토링 관리 프로그램 * 멘토링 교육 프로그램 * 멘토링 활동 프로그램 * 멘토링 평가 프로그램 * 목표달성 시 종결	멘제(Menger)로서는 · 저소득 빈곤가정 청소년 · 결손 가정 청소년 · 학교 부적응 청소년 · 가출 청소년 · 약물 남용 청소년 · 성범죄 청소년 · 장애 청소년 · 탈북 청소년 · 외국노동자 청소년
위 활동을 반복해서 수행함		

3) 멘토링 시스템 구축방법

사회청소년 멘토링 운영위원회			
멘토링 매니저(TFTeam)		멘토링 매니저(TFTeam)	
멘토/멘제 쌍	멘토/멘제 쌍	멘토/멘제 쌍	멘토/멘제 쌍

(1) 멘토링 위원회: 멘토링 실무를 전담하는 자로서 멘토링의 계획과 각종 자료를 관리한다.

(2) 멘토링 관리자: 멘토링 관리자는 민간단체, 대학, 기업 등 프로그램의 지원체계로서 멘토와 멘제로 구성된 일대일 관계를 형성시키며, 멘토를 도와 개별 프로그램의 계획 및 내용구성의 과정에 참여하고, 이것의 수행에 관한 관리 감독을 한다.

(3) 멘토: 결연관계를 맺게 되는 청소년늘에게 전인적인 삶의 조인자 역할을 히는 사람이다.

(4) 멘제: 제도권에서 보호받지 못하고 국가나 사회복지재단으로

부터 특별지원이 요청되는 청소년이다.

4) 멘토링의 성공요건

(1) 현재 비행 청소년 대상을 소규모로 운영되고 있는 멘토링 프로그램을 학교에 재학생 중인 주요 보호 학생들로 확장시켜야 한다.

(2) 현재 보호관찰 대상자와 선고 조건부 기소 유예대상자의 일부에게 시행되는 멘토링 프로그램을 좀 더 활성화하여 기존의 결연 프로그램에 대한 대안적인 방법으로 전국적인 규모를 실시하여야 한다.

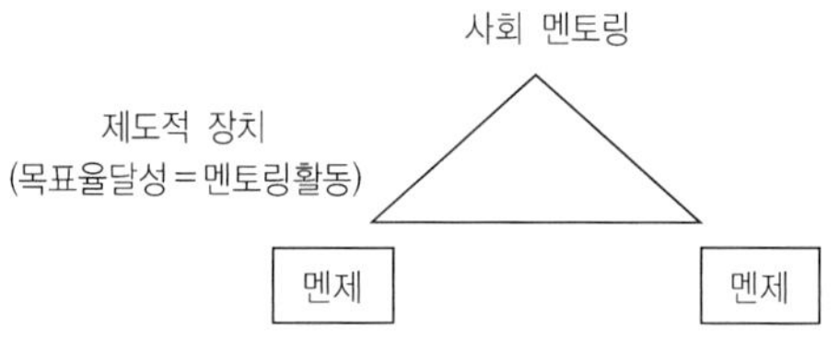

5) 사회 멘토링 프로그램 제공

멘토링 영역	프로그램 활동 내용설명
저소득 빈곤 아동지원	빈곤아동 청소년을 중심으로 한 지원 및 지지체제 구축 프로그램이다. 빈곤 아동의 성장에 기반을 둔 프로그램의 재생산 구조를 마련한다.
학교 부적응 청소년	빈곤가정과 결손가정이 밀집되어 있는 지역 내 학교 일탈행동 청소년을 학교로부터 의뢰받아 방과 후 복지관에서 집단프로그램을 실시하여 이들의 자아 존중감을 향상시킨다.
보호 관찰 청소년 멘토링	보호관찰 청소년들에게 자신에 대한 긍정적인 자기이해 유도와 자신과 타인을 돕고 사랑하는 법, 내게 처한 환경과 상황에 대한 이해를 통해 사회에 잘 적응할 수 있도록 돕고 하는 활동이다.
성 매매, 가출 청소년 멘토링	사각지대 청소년들의 삶에 깊이 있고 전문적이며 지속적으로 개입함으로써 이들이 사회와 네트워크를 재개하고 사회로 복귀할 수 있도록 돕는 활동이다.

6) 사회 멘토링 기대효과

(1) 예방적인 프로그램이 된다.

① 삶의 올바른 방향을 제시한다.

청소년과 성인들과 1:1로 결연관계를 맺게 해 줌으로써 이들의 삶의 올바른 방향을 제시가 가능하다.

② 긍정적인 삶을 위한 기술을 개발이 가능하다.

③ 폭력이나 비행에 연루될 위험요인을 제거할 수 있다.

④ 지역사회 내의 각종 활동에 참여할 수 있는 기회를 제공해 줄 수 있다.

(2) 정서적인 연결관계를 중심으로 정서적·사회적 지지를 제공하는 것이 관계의 주된 목적이어서 비행 청소년들의 의사소통 및 대인관계에 대한 욕구 충족시켜 주는 개입방법이 된다.

(3) 민간단체 대학 기업이 프로그램 추진체가 되고 민간의 자연봉사자들이 멘토로 참여한다는 점에서 민간인이 참여하는 지역사회중심의 정책이 된다.

(4) 프로그램이 결연 관리자에 의해서 체계적으로 관리 감독, 지원되는 방식으로 운영됨으로써 민간의 지원 봉사활동을 지속하고 활성화시키기 위한 체계적인 관리 및 지원체계의 모델을 제공이 가능하다.

5. 청소년 멘토링 활동

1) 멘토/멘제 개별활동(주, 월간)

개별활동은 멘토/멘제가 일상생활 안에서 쉽게 할 수 있는 활동들로 구성되어 있다. 멘제가 좋아하는 작은 것으로부터 멘제의 가정, 학교, 사회 전반에 영향을 미치는 것들에 대해 정서적인 지지와 실제적인 도움을 줄 수 있는 활동들로 구성되어 있다.

소제목	세부내용
친밀감 형성	그동안 생활 나누기, 생일 챙겨주기, 마니또, 쪽지 보내기 문자 보내기, 메일 보내기, 게임, 차 마시기, 멘제가 좋아하는 음식으로 식사하기, 멘토/멘제집 방문하기, 멘제 학교 방문, 그림으로 자기 표현하기(잡지책, 신문, 전지, 색종이, 풀 등 활용)
진로 지도	인터넷 정보검색, 도서관, 서점, 인근 대학교 방문, 나의 인생 설계
학교 학습지도	도서구입, 공부방법 지도 등
문화체험	박물관, 민속놀이 체험, 대학축제, 놀이공원, 일일여행, 눈썰매 타기, 온천욕, 감 따기, 송편 짓기, 노래 배우기, 보드게임
스포츠체험	재즈댄스, 요가, 등산
경제적 지원	건강진단
고민 나누기	힘든 부문 이야기, 현재 도움받고자 하는 내용 나누기
격려자 도와주기	자립할 수 있도록 정서적 지지 및 격려
관계형성	멘제 부모님과 관계 형성 위한 부모 간담회

2) 멘토/멘제 그룹 활동(계간)

일반적으로 멘토/멘제의 첫출발 Workshop의 효과는 3개월 정도로 볼 수 있다. 그러므로 3개월 지난 후에는 재차 동기부여로 사기를 높여줄 필요가 있다. 전체가 모여서 (1) 야외친목활동 (2) 보수교육수강 (3) 중간평가실시 등 선택적으로 진행이 기능하다.

계간 그룹 미팅활동 선택

NO	활동종류	일정선택	장소선택	시간선택
1차	친목활동			
	보수교육			
	중간평가			
2차	친목활동			
	보수교육			
	중간평가			
3차	친목활동			
	보수교육			
	중간평가			

그룹활동 1. 일상생활 주제 사례

- 심리극

- 피크닉이나 여행

- 대학견학

- 스포츠 행사

- 시상 및 인정

- 집단 프로그램(예집단상담, 사회기술 훈련 등)

- 부모님들과 밤

- 지역 회사 탐방

- 놀이 공원

Process. 멘토링 과정별 프로그램 관리

멘토링 프로젝트를 구체적으로 추진하기 위하여 4 – Process인 추진과정, 교육과정, 활동과정, 평가과정에서 운영 프로그램을 작성하는 단계다.

추진 및 활동 조직구축, 인력확보, 프로그램개발, 교육계획 멘토/멘제 활동계획 그리고 최종 평가 프로그램을 작성한다.

프로그램을 먼저 작성 후 필요 예산 편성을 하여 활동을 지원하고 인간성 바탕 위에 생산성 확보를 목적으로 활동을 추진한다.

Process 1 추진과정 프로그램 관리
Process 2 교육과정 프로그램 관리
Process 3 활동과정 프로그램 관리
Process 4 평가과정 프로그램 관리

Step 1. 프로젝트 운영안 개발

멘토링 활동을 체계적으로 추진하기 위한 3개월 운영 지침서로 제안서를 대신하고 실행 계획서로 활용하며 50페이지 분량으로 5부 제작한다.

1. 활동목적: 관계활성화로 업무능력 향상

○ 멘토와 멘제를 연결하여 직장생활에서 다양한 정보와 지식을 제공함으로써 성장 잠재력을 개발하고 자기계발의 기회 제공
○ 멘제들이 겪는 심리적, 사회적, 정서적 문제에 대한 멘토의 조언과 함께 고민을 풀 수 있는 자리 마련
○ 멘토와 멘제를 연결, 교류기회를 확대하여 동료의식을 고취하고 신속한 적응을 유도하여 직장 적응률 향상

2. 활동 기간: 12개월
3. 활동시종: 2009. 11. 01 ~ 2010. 10. 31

4. 멘제그룹: 후배직원 20명

5. 멘토그룹: 선배직원 20명

Step 2. 관리 프로그램 매뉴얼 개발

멘토링 4개 과정 활동을 지원하고 촉진하기 위하여 멘토링 관리자, 모니터, 멘토용으로 200페이지 분량의 매뉴얼을 25부 제작한다.

매뉴얼에 포함할 내용

1. 멘토링 운영안 – 50p

2. 멘토링 Skill Manual – 30p

3. 멘토링 6 – Step Manual – 30p

4. 멘토링 Game Manual – 30p

5. 멘토링 Tool Manual – 30p

6. 멘토링 Strategy Maunal – 30p

Step 3. On Line 전산 시스템 개발

멘토링 프로그램을 관리하는 데 시간적, 장소적, 관리적 제한을 극복하기 위하여 온라인 Website를 구축하여 멘토, 멘제, 모니터의 활동을 지원한다.

온라인 Website(멘토링 홈페이지)에서 다룰 업무

시행 조직의 WebSite에 e-mentoring Communication을 개설하여 보고서 수집 및 활동 사항 그리고 학습을 지원한다.

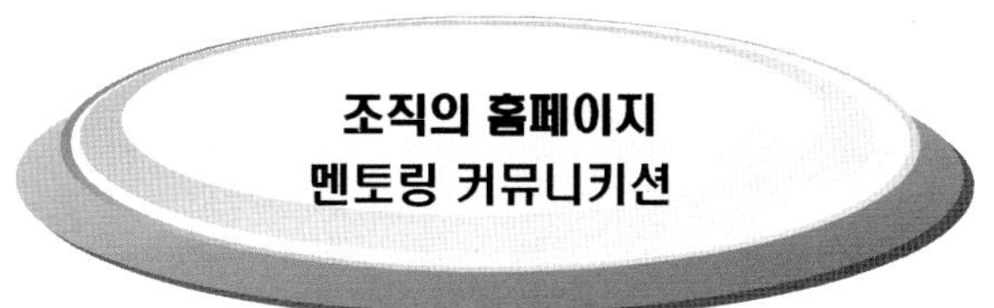

메뉴판	게시판
1. 운영실	3개월 12주 운영안 저장
2. 활동실	모임연락 활동수기기고
3. 보고실	멘토활동보고서 멘제의 영향력보고/모니터 설문의 보고서 저장
4. 자유게시판	공적, 사적 알림, 느낌, 감동, 활동소감, 수기, 격려, 칭찬 등 저장
5. 학습 지원실	1. 학습자료 - 12Tip 자료수시저장 2. 특선자료 - 12Tip 자료수시저장 3. 명상시간 - 12Tip 자료수시저장 4. 활동기술 - 12Tip 자료수시저장 5. 현장사례 - 12Tip 자료수시저장

Step 4. 영상 Story Telling 자료 개발

멘토/멘제의 활동 촉진과 멘토링에 관한 마인드 유지를 목적으로 영상 학습 및 명상자료를 제공한다.

애니메이션 등장인물로 아래 세 사람을 내세워 드라마식으로 서로 간 문답내용, 학습내용, 토의내용을 논리적으로 재미있게 감동적으로 현실적용 사례 등을 포함하여 개발한다.

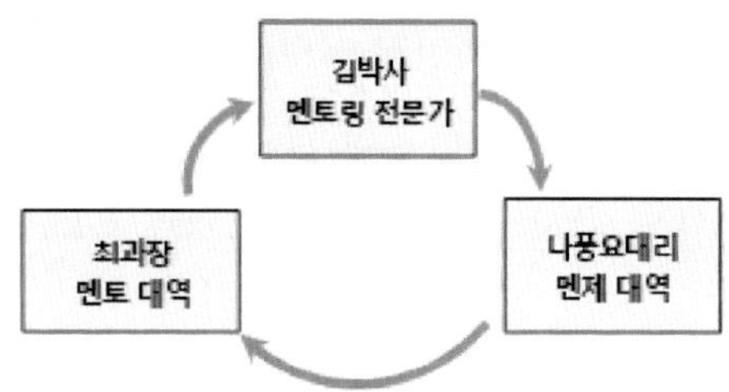

영상 Story Telling 내용 - 각 Tip 2분 정도

1) 도입사례 - 15Tip 제공

2) 활동지침 - 15Tip 제공

3) 명사명언 - 15Tip 제공

4) 예화사례 - 15Tip 제공

5) 명상시간 - 15Tip 제공

Step 1. 간부급 리더십 특강교육 프로그램

멘토링이 조직에서 성공하기 위해서는 조직 내 분위기 조성과 멘토/멘제 활동을 지원하기 위하여 간부급, 부서장급 특강이 필수적으로 필요로 한다.

교육과정: 리더십 특강 과정(2시간)

교육참석: 임원 및 부서장 간부급

Contents	특강과정
1 Story(원리)	10m
2 Skill(기술)	20m
3 Leadership(리더십)	30m
7 Humanity(인간성)	20m
8 Productivity(생산성)	30m
10 Case Study(사례)	10m
합계	2H

* 교육과정 효과

효과 1. 멘토링 분위기 조성이 확산된다.

효과 2. 멘토/멘제의 활동이 활발해진다.

효과 3. 상하 간, 부서 간, 인간관계가 촉진된다.

효과 4. 업무의 전략적인 네트워크가 형성된다.

효과 5. 인성중심의 조직문화가 형성된다.

Step 2. 전문가 양성과정 교육 프로그램

멘토링 활동을 체계적으로 도입하기 위하여 프로그램 전문 관리자를 양성하여 3개월 동안 준비과정부터 마무리까지 프로그램을 관리하도록 한다.

교육과정: 멘토링 전문가 양성 과정(3일간 20시간 과정)

교육참석: 관리자 1명

Contents 멘토링 총서 10권	기본과정 3일간 20시간
1. Story(원리)	3
2. Skill(기술)	4
3. Leadership(리더십)	2
4. Game(게임)	4
5. Tool(도구)	3
6. Strategy(전략)	4
7. Humanity(인간성)	
8. Productivity(생산성)	
9. Manual(매뉴얼)	
10. Case Study(사례)	2
합계	20H

* 교육과정 효과

효과 1. 도입, 활동, 평가 프로그램을 체계 있게 관리할 때 저비
용 고효율의 효과

효과 2. 분명한 멘토링 목표가 있기 때문에 실패율을 줄이고 성
공률을 높임

효과 3. 멘토링 프로그램을 전문적으로 관리하게 됨으로 장기간
지속이 가능

효과 4. 활동과정마다 적절한 프로그램으로 멘토/멘제들이 책임
감과 안정감효과

효과 5. 활동 종료 시는 목표율 평가에 의하여 생산성 여부를 점
검 가능함

Step 3. 멘토/멘제 Workshop 교육 프로그램

멘토/멘제 활동 개시에 시행하는 교육으로 이론정립 상견례 관계
기술 대화기술 소통기술 등을 학습하여 성공률을 높이고자 함이다.
교육과정: 멘토/멘제 Workshop 교육과정(1일간 8시간 과정)
교육참석: 멘토/멘제 대상자 40명

Contents 멘토링 총서 10권	기본과정 1일간 8시간
1. Story(원리)	0.5
2. Skill(기술)	2.0
3. Leadership(리더십)	1.0
4. Game(게임)	3.0
5. Tool(도구)	0.5
6. Strategy(전략)	
7. Humanity(인간성)	0.5
8. Productivity(생산성)	
9. Manual(매뉴얼)	
10. Case Study(사례)	0.5
합계	8H

* 교육과정 효과

효과 1. 멘토링 원리와 현장 프로그램에 대한 올바른 이해를 갖는다.

효과 2. 멘토/멘제 상호 간 관계 촉진 커뮤니케이션이 원활해진다.

효과 3. 멘토/멘제가 미팅 활동 시 소재개발에 아이디어를 갖게 된다.

효과 4. 멘토십이 개발되어 멘제를 양육하는 데 노하우를 갖게 된다.

효과 5. 멘토는 리더십이 개발되어 회사의 핵심인재로 인정받게 된다.

Step 4. 멘토/멘제 보수교육 프로그램

멘토링 현장 활동에서 멘토링에 관한 긍정적인 마인드를 유지할 수 있도록 보수교육이 필요하다. 아울러 계간 그룹 활동이나 계간 평가도 실시한다.

교육과정: 멘토/멘제 보수교육 과정(1회 2시간)

교육참석: 멘토/멘제

교육경법: 계간 1회 실시하면서 중간평가 겸한다.

Contents 멘토링 총서 10권	보수교육 과정 2시간
1. Story(원리)	
2. Skill(기술)	30m
3. Leadership(리더십)	
4. Game(게임)	60m
5. Tool(도구)	
6. Strategy(전략)	
7. Humanity(인간성)	
8. Productivity(생산성)	
9. Manual(매뉴얼)	
10. Case Study(사례)	30m
합계	2H

* 교육과정 효과

효과 1. 멘토링에 관한 긍정적인 마인드가 조성된다.

효과 2. 멘토/멘제 선체가 모어 그룹 친목행사가 이뤄진다.

효과 3. 구성원 친목으로 선후배 간의 대화의 기회가 생기다.

효과 4. 타 부서 직원들도 만나게 되어 상호협조의 기회가 생긴다.

효과 5. 멘토링 그룹 전체가 모여 친목함으로 조직에 대한 충성
도가 향상된다.

Step 5. 멘토/멘제 결연식 프로그램

멘토링 활동에서 멘토가 멘제를 개인적으로는 자부심을 갖고 한
편으로 조직적으로는 책임과 목표의식을 갖고 인재개발을 하기 위
함이다.

교육과정: 멘토/멘제 결연식 과정(1일간 1시간 과정)

결연참석: 멘토/멘제 대상자

1. 결연식 프로그램 유의사항

본 결연식은 멘토링 도입 Workshop 기본교육을 마치고 별도의
시간으로 단위 조직의 주관으로 진행한다.

쉽게 생각하면 남, 어 결혼식을 염두에 두고 격식을 갖춰 진행한
다고 생각하면 된다. 가능한 CEO가 참석해야 하나 그렇지 못할 경
우 반드시 임원 정도에서 격려사를 하는 순서를 진행하도록 한다.

당일에 하지 않고 별도 일정을 잡아 할 수도 있다. 아래 프로그
램은 멘토링코리아에서 제공하는 샘플임으로 단위 기업에 맞는 형
식으로 조정할 수 있다.

업체상호:

결연일자:

결연장소:

1	개 회 사	사회자
2	멘토/멘제 선서	사회자 CEO
3	격려사	CEO
4	사진촬영(CEO와 함께)	사회자 CEO
5	만찬	사회자

Step 1. 개인활동-주간미팅 Day 프로그램

멘토/멘제의 개인적인 주간 미팅으로 친교 및 업무 능력향상 활동을 촉진하는 프로그램으로 조직에서는 멘토링 Day로 정하여 활성화해 주어야 한다.

활동명칭: 멘토/멘제 개인 주간 활동

활동참석: 멘토/멘제 개인 쌍별로 참석

1. 주간 개인 미팅활동 프로그램 소개

활동주제	세부내용
1. 개인 역량개발을 위한 활동	- 도서관 탐방 서점탐방 - 영화 동화 함께 읽기 - 멘토/멘제의 과거 생활에 대한 정보를 교환하고, 습득하도록 도움 - 인터넷상에서 정보 찾기 - 역량개발을 위한 전문 과목 등을 개인지도 - 컴퓨터 사용방법을 가르침 - 박물관 방문 및 방문에 대한 보고서나 스피치 준비
2. 개인적 친목 관계 진전을 위한 활동	- 멘제가 좋아하는 음식으로 식사 - 멘제가 가보고 싶어 하는 곳 - 대학로/한강/산/바다 등을 방문 - 멘토의 가정에 초대 - 영화, 연극, 음악회

활동주제	세부내용
	- 야구장, 축구장, 농구장 - 시장이나 백화점을 함께 다님 - 함께 장애인 시설이나 병원에 봉사활동
3. 업무능력 향상을 위한 미래 준비 활동	- 멘토의 전공이야기나 지식 기술에 관한 조언 - 관심 분야에 대한 자료제공, 관심 분야에 종사하는 선배와 만남 주선 - 전문 분야 학술발표에 참석 - 장래개발에 대한 것들에 대해 토론

Step 2. 그룹활동-계간미팅 Day 프로그램

멘토링 추진팀에서 주관하여 전체 쌍이나 팀별로 계간 미팅하는 것으로 주로 관계 촉진을 위한 친교 격려 중심의 모임 활동을 갖는다.

활동명칭: 멘토/멘제 그룹 계간 활동(주간 모임 하루를 대체한다)

활동참석: 멘토/멘제 전체나 팀으로 참석 조직의 간부나 CEO급 참석

활동경비: 그룹특별 모임으로 조직에서 전체 행사비 지원

1. 계간 그룹미팅 활동 프로그램 소개

NO	행사종류예시	일정선택	장소선택	시간선택
계간 1차 - 월	친목 촉진행사			
	월간평가			
계간 2차 - 월	문화 체험행사			
	월간평가			
계간 3차 - 월	신체 단련행사			
	월간평가			

1차 친목 촉진행사

－맛집 찾기, 특식 먹기, 향토 및 토속 음식 먹기, 별미 찾기 등
　선택

2차 문화 체험행사

－영화감상, 서점방문, 미술관, 음악콘서트, 경기관람, 고적답사
　등 선택

3차 신체 단련행사

－등산, 조깅, 마라톤참가, 래프팅, 테니스, 수영 등 운동 선택

Step 3. 멘토 월간보고서－월간 활동보고 프로그램

멘토링 활동은 조직의 시간, 인력, 자금 지원 아래 수행함으로
반드시 경영층에 결과보고가 원칙이다. 멘토의 월간보고는 가장 기
본 보고다.

보고서 명칭: 멘토 월간보고서－멘제의 활동 사항을 보고양식에
　　　　　　보고한다.

보고서 작성: 멘토가 주관하고 멘제는 협조한다.

보고서 제출: 멘토링 전문가 모니터 최종 멘토링 위원장에 제출
　　　　　　한다.

1. 멘토의 월간 활동보고서 양식

미팅 월수	월일 장소		소재 내용	비고
9월 미팅	월일 1차 2차 3차 4차	장소	1 2 3 * 다음 소재:	
10월 미팅	월일	장소	1 2 3 * 다음 소재	
11월 미팅	월일	장소	1 2 3 * 다음 소재	

* 멘토/멘제 관계보고 좋음－－－－－5 4 3 2 1－－－－안 좋음
* 발생된 문제점은?
* 기타 보고 사항
* 행사비 정산
－총사용 금액(   ) －증빙서 보완금액(   ) －증빙서 불비금액(   )

Step 4. 멘제 계간보고서－계간 영향력보고 프로그램

멘토링 활동은 멘토의 역량을 최대한 발휘하여 멘제 역량개발에 성과가 나타나야 한다. 멘제는 자신에 미치는 멘토의 긍정적인 영향력을 평가한다.

보고서 명칭: 멘제 월간보고서－멘토의 영향력을 긍정적인 차원에서 평가한다.

보고서 작성: 멘제

보고서 제출: 멘토링 전문가 모니터 최종 멘토링 위원장에 제출한다.

1. 멘제의 계간 영향력 보고서 양식

		평가진단도구	5	4	3	2	1
전문 분야	지식기술	지식과 기술이전이 잘되고 있다.					
	업부지원	업부지원이 잘되어 업무가 숙달되고 있다.					
	노하우	노하우를 제대로 얻을 수 있는 계기다.					
	정보공유	가치 있는 정보공유가 잘되고 있다.					
	경력개발	경력개발에 큰 도움이 되고 있다.					
정서 분야	정서향상	친목미팅 등 정서활동에 도움이 되고 있다.					
	타인배려	어려운 일 처리에 많음 도움받고 있다.					
	건강향상	정신 및 신체건강 증진에 도움된다.					
	관계촉진	상호 간 미팅을 더욱 자주 하고 싶다.					
	심리차원	상담과 대화를 통해 감사의 마음이 생긴다.					
의지 분야	의지결단	리더로 성장하고 싶은 의욕이 강하다.					
	윤리의식	선과 악의 구분을 분명하게 할 수 있다.					
	절제관리	혈기 등 본능적인 면에서 절제가 잘된다.					
	목표의식	생애목표 및 업무 목표설정에 도움이 된다.					
	리더역할	현 멘토를 모델로 차후 나도 멘토가 되고 싶다.					
합계		합계/득점표시 **횟수** = 평균점					

Step 5. 전문가 컨설팅 프로그램

조직의 멘토링 활동은 인간성 바탕 위에 생산성 효과를 얻는 데 목적을 두고 개인의 만족감과 조직의 효율성을 멘토링 전문가를 통해 점검받게 된다.

업무 명칭: 전문 컨설턴트의 격월간 현장 컨설팅

업무 참가: 컨설턴트 주관하여 전문가, 모니터, 멘토

업무 내용: 시스템 정상가동 여부 프로그램 정상 적용 여부

멘토/멘제의 계간보고서 모니터의 상담내용

1. 전문 컨설턴트 현장 체크리스트

✜ 제1단계 : 조직점검	조직의 각 계층의 협조가 여부
✜ 제2단계 : 리더십	팀장이나 모니터의 관리 리더십
✜ 제3단계 : 상담	모니터의 상담내용 처리결과
✜ 제4단계 : 멘토보고	멘토 월간 보고서 적정여부
✜ 제5단계 : 멘제보고	멘제의 영향력 보고서 적정여부
✜ 제6단계 : 정기활동	주간 월간 정기 활동의 적정여부

Step 1. 정성평가-개인만족도 평가 프로그램

멘토링 활동은 멘토/멘제의 개인 활동이 우선하고 참여자의 개인 만족도의 여하에 따라 조직 만족도가 좌우됨으로 개인 인간성 평가가 우선된다.

1. 정성평가 개인 만족도 진단도구

구분	번호	진단도구	5	4	3	2	1
업무	1	현재 담당업무에 만족도 여부					
	2	상급자와 업무처리 협조 여부					
	3	담당업무 처리절차를 알고 있는 정도					
	4	타 부서와 업무협조 여부					
	5	금번 멘토링을 통해 업무숙달 정도					
활동	1	활동 기간 만족도 여부					
	2	멘토/멘제 서로 활동 만족도 여부					
	3	미팅 활동이 유익 여부					
	4	얼마나 개인 성장 여부					
	5	멘토링 활동에 다시 참가 여부					

구분	번호	진단도구	5	4	3	2	1
관계	1	멘토/멘제 서로 관계 만족도 여부					
	2	조직의 상급자와 관계 만족도 여부					
	3	조직의 동료와 관계 만족도 여부					
	4	가정식구들과 관계 만족도 여부					
	5	사회 접촉사람과 관계 만족도 여부					
조직	1	우리 조직의 인간존중 만족도 여부					
	2	내가 신뢰받고 있는 만족도 여부					
	3	인사관리에 만족도 여부					
	4	급여체계의 만족도 여부					
	5	조직 CEO리더십에 만족도 여부					

Step 2. 정량평가—조직 효율성 평가 프로그램

조직에 적용되는 제도적 멘토링은 인간성 바탕 위에 생산성 효과를 얻는 게 목적이다.

특히 정량평가 기준은 생산 효율성을 기반으로 하는 게 원칙이다.

평가 명칭: 정량평가 조직의 효율성 평가

평가 방법: 5가지 효율성 평가 지수에 의거하여 금번 해당되는 항목을 적용한다.

평가 주관: 멘토링 전문가와 전문 컨설턴트

평가 시점: 멘토링 활동 마감 즉시

1. 정량평가 효율성 평가기준

구분	평가방법	효율성(%)
유지율	목적: 멘토/멘제 쌍별로 제대로 유지되고 있는가	
	산식: 현재 쌍/당초 쌍×100	
정착률	목적: 신규직원의 정착이 제대로 되고 있는가?	
	산식: 현재 멘제 수/당초 멘제 수×100	
참여율	목적: 멘토/멘제가 행사나 교육 참여 잘하는가?	
	산식: 참석 인원/총인원×100	
숙달률	목적: 금번 멘토링 기간에 업무 숙달되었는가?	
	산식: 금번숙달 기간/정상으로 걸리는 기간×100	
회수율	목적: 투자자금이 수익적 회수 성과가 있는가?	
	산식: 회수자금/투자자금×100	
	회수자금 산출에 참고사항 1. 전년보다 추가 정착 신입직원×월평균 보수액 2. 멘제 업무 조기숙달 기간×월평균 보수액.	

Step 3. 멘토 인증서 수여 프로그램

　정규 업무를 겸직한 멘토를 공훈(功勳) 차원에서 활동을 인증하는 데 의미가 있다. 멘토를 격려함으로 멘토링 성공은 물론 조직의 충성도를 높일 수 있다.

　행사 명칭: 멘토 인증서 수여

　인증 방법: 전문교육, 활동 기간, 평가실적 등 3가지 기준 평가

　인증 주관: 멘토링코리아에서 주관하여 작성

　인증서 수여: 멘토링 종료식 때 시행 기관장이 수여하고 내용을 인사에 반영

1. 멘토 인증서 내용 및 행정양식

<table>
<tr><td colspan="2" align="center">멘토 인증서
Sertified Mentor</td></tr>
<tr><td colspan="2">인증 NO:
성명: 생년월일:
소속: 담당멘제:</td></tr>
<tr><td colspan="2">위 사람은 금번 아래 내용으로 멘토 활동을 인정하여 본 인증서를 수여합니다.

1. 전문 교육수강 실적
2. 멘토링 활동 기간
3. 평가 활동 참여 실적

 2009. 12. 3.
멘토링코리아 대표 류재석 </td></tr>
</table>

Step 4. 우수자 포상 및 종료식 프로그램

멘토링 활동 성공 여부는 멘토의 자생력에 좌우된다. 경영자는 멘토링 참여자에 대해 특별히 배려하고 인정하고 포상으로 격려를 해 주어야 한다.

행사 명칭: 멘토링 활동 우수자 포상

선발 방법: 모니터의 추천으로 위원장이 선발한다.

포상 대상: 멘토우수자 – 1명 우수 쌍 – 1명 활동 수기(手記) 우수
　　　　　자 – 1명

포상 경비: 우수자별로 구분하여 종료식 때 현금 포상한다.

1. 멘토링 우수자 포상 및 종료식 프로그램

■ 1부 - - - - (멘토링 종료식 및 포상)

○ 개회사……추진팀장

○ 활동 격려 및 종료 축사……기관장

○ 멘토링 활동 실적보고(평가 포함)……추진팀

○ 외부인사 축사 및 멘토 인증서 전달……멘토링코리아 대표

○ 활동 우수자 시상……기관장

  - 활동 우수 쌍(상금 30 - 20 - 10만 원)

  - 활동 우수 멘토(상금 30 - 20 - 10만 원)

  - 활동 우수 수기(상금 30 - 20 - 10만 원)

○ 기념품 전달……기관장

○ 폐회사……추진팀장

■ 2부 - - - - (친목 및 다과회)

○ 식당에 다과 파티

Schedule. 멘토링 조직별

12개월 운영 방법

　대부분 사람이 잘못된 선입견으로 멘토링이 1회성 단기적인 교육프로그램으로 인식하고 있다. 이 테마에서는 멘토링 활동이 과정(Process), 즉 중·장기적인 기간의 필요성과 특히 조직에서 최단기적으로 적용하는 12개월의 타당성과 구체적인 일정 그리고 예산편성을 다루었다.

1장 12개월 프로그램 개요
2장 12개월 운영 월별 일정표
3장 12개월 운영 과정별 일정표
4장 12개월 운영 소요예산
5장 12개월 운영 행정양식

1장

12개월 프로그램 개요

오늘날 조직에 적용하는 멘토링의 특징은 도입을 원하는 조직에서 12개월 등 일정 기간을 필요로 하는 프로젝트(Project) 개념에서 활동목표에 따라 프로그램을 필요하게 된다.

왜냐하면 조직에 적용하는 멘토링은 조직의 특성상 투자의 개념과 성과 측정 차원에서 평가가 뒤따르는 것이 필수적이기 때문에 체계적인 시스템으로 접근이 필요하기 때문이다.

조직 개발용으로 체계적인 프로그램을 제도적 멘토링(Systematic Mentoring)이라 부르며 구체적으로 12개월 동안 준비과정, 도입과정, 활동과정, 평가과정에 적용하는 프로그램을 말한다.

미팅활동 12개월 의미(Meaning)

12개월은 우리 인생의 삶의 기본 단위로 멘토/멘제가 12개월 활동하는 것은 아주 자연스러운 기간이다.

12개월은 회사 조직에서 업무를 정리하고 평가하는 한 회계 기간으로 멘토링 활동도 조직경영의 틀 안에서 이뤄짐으로 타당한 기간이다.

12개월은 기업에 지원 기간으로 특히 신입사원의 이직률이 1년

내 가장 많은 것도 함께 고려한 기간이다.

12개월은 미팅 활동 최소 기간으로 회사 제도적 멘토링 프로그램으로 관리하고 기간이 종료하면 그 후 자유롭게 전통적 방식의 멘토링으로 전환하여 평생까지 가능하다.

12개월 동안에 멘토가 멘제를 성숙시켜 자신과 같은 멘토로 재생산하여 다음 기회의 멘토링에서 멘토로 함께 활동하는 것이 최상의 성공 멘토링이다.

일반 사회 결혼도 사전에 철저히 준비해서 독립 가정을 이루게 하듯이 멘토/멘제도 12개월 기간에 학습그룹과 운영그룹에서 책임 있게 지원하여 차후 성숙된 멘토링으로 유도하도록 한다.

멘토링 프로젝트 운영 기간은 12개월을 모델로 하고 사전에 추진 준비 과정 3월, 그리고 교육과정, 활동과정, 평가과정 순서로 수행한다. 기업의 요청에 따라 3개월/6개월/9개월 등으로 적용할 수 있다.

구분	예비 1	예비 2	예비 3	실행 1	2	3	4	5	6	7	8	9	10	11	12	1
추진과정 1. 운영안 작성 2. 매뉴얼 개발 3Semi On Line 4주간 email 영상개발	☐	☐	☐													
교육과정 1. 전문가 양성 과정 2. 간부급 과정 3. Workshop 과정 4. 보수교육과정 5. 결연식 과정				☐ ☐ ☐ ☐												

구분	예비1	예비2	예비3	실행1	2	3	4	5	6	7	8	9	10	11	12	1
활동과정																
1. 그룹 – 계간활동						☐			☐			☐			☐	
2. 개인 – 주간활동				☐	☐	☐	☐	☐	☐	☐	☐	☐	☐	☐	☐	
3. 멘토 월간보고				☐	☐	☐	☐	☐	☐	☐	☐	☐	☐	☐	☐	
4. 멘제 월간보고				☐	☐	☐	☐	☐	☐	☐	☐	☐	☐	☐	☐	
5. 월간 현장 컨설팅				☐	☐	☐	☐	☐	☐	☐	☐	☐	☐	☐	☐	
평가과정																
1. 정성/정량평가						☐			☐			☐			☐	☐
2. 멘토 인증서																☐
3. 우수자 포상																☐
4. 종료식																☐

3장

12개월 운영 과정별 일정표

조직 개발용으로 적용되는 멘토링 프로그램은 4개 과정(4 – Process)에 적용되는 추진과정, 교육과정, 활동과정, 평가과정으로 구분하여 12개 월별로 구체적으로 운영계획을 현장에서 실행할 수 있는 내용이다.

월별	4개 과정(Process) 프로그램			
	추진과정 프로그램	교육과정 프로그램	활동과정 프로그램	평가과정 프로그램
준비 1월 준비 2월 준비 3월	매뉴얼 작성 환경분석 TFTeam구성 활동목표설정 동기부여설계 평가기준설계	전문가 양성 간부특강		
실행 1월 실행 2월 실행 3월	T/G 결연식 월간 프로그램	도입 Workshop	주간 이메일 주간 개인미팅 계간 그룹미팅	
실행 4월 실행 5월 실행 6월	월간 프로그램	보수교육	주간 이메일 주간 개인미팅 계간 그룹미팅	중간평가
실행 7월 실행 8월 실행 9월	월간 프로그램	보수교육	주간 이메일 주간 개인미팅 계간 그룹미팅	중간평가
실행 10월 실행 11월 실행 12월	월간 프로그램	보수교육	주간 이메일 주간 개인미팅 계간 그룹미팅	중간평가
종료 1월	종료식			최종평가 멘토인증서

◀ 경비산정기준: 멘토링 활동 인원 20쌍 – 40명 12개월

◀ 경비산정가격: 일반산정가격: 28,900,000원(부가세 별도)

◀ 고객선택가격: 단위 1,000원

1) 기업의 주문형으로 과정별, 단가, 수량, 일정, 시간 등을 선택
   한다.

2) 기업이 총예산을 제시하면 저희가 맞게 예산 편성한다.

과정	세부항목	단위	단가	일반견적가격		고객선택가격	
				수량	가격	수량	가격
추진 과정	운영안 개발	일(D)	300	6	1,800		
	매뉴얼 개발	일(D)	300	5	1,500		
	Semi On Line Cafe	세트 월(M)	3.000 500	1 12	별도		
	주간 이메일 학습	주(w)	50	52	2,600		
교육 과정	전문가 양성	시간(H)	40	20	800		
	현장 간부특강	시간(H)	300	2	600		
	현장 Workshop	시간(H)	300	16	4,800		
	현장 보수교육	시간(H)	300	6	1,800		
	멘토/티 결연식	일(D)	800	1	800		
	수강교재 100p	권(C)	20	40	800		
활동 과정	주간미팅 활동비	쌍/월(M)	50	12	자체		
	계간미팅 행사비	계간(S)	1,000	3	자체		
	월간 컨설팅출장	월(M)	800	12	9,600		
평가 과정	평가컨설팅출장	회	2,000	1	2,000		
	우수자 포상비	건	400	3	자체		
	멘토 인증서 수여	명(P)	20	20	400		
행정 경비	강사 출장 여비	명	200	4	800		
	행정서식 개발	건	100	6	600		
	부가가치세	10%					
합계(부가세별도)				28,900			

1. 결연식 프로그램 양식

1) 프로그램 세부 진행순서

업체상호:

결연일자:

결연장소:

1	개회사	순서담당자
2	멘토/멘제 선서 – 멘토 대표선서 – 멘제 대표선서	사회자 CEO
3	격려사	CEO
4	CEO 선물 증정(도서 등) – 멘토 대표 – 멘제(여) 대표	CEO
5	사진 촬영(CEO와 함께) – 단체 사진 – 멘토 멘제 쌍별과 CEO사진	사회자 CEO
6	축하만찬(아래에서 주최자 선택) – 뷔페급 식사 – 바비큐 파티 – 음료 파티	사회자

기타 참고사항
1) 멘토 멘제 선서는 멘토 멘제 쌍 단위의 대표가 아니고, 각각의 대표임.
2) CEO의 선물은 도서. 결연식 후 멘토 멘제 전원 배부
3) 사진 촬영은 CEO와 직접 하며, 나중에 액자에 넣어 전달할 것

2) 멘토/멘제 선서 양식

[공동체 선서]

저희는 멘토링 공동체 안에서 한 가족입니다. 상호 간 신뢰와 존경 관계를 유지하면서 멘토링 활동 12개월을 함께하겠습니다. 저희는 인격이 어떠하든지 끝까지 돕는 마음으로 상호 간 인간성장을 사명으로 알겠습니다.

저희는 제(1)회 멘토링 파트너로서 선정됨을 자랑스럽게 여기며 임원님과 동료 앞에서 다음과 같이 선서합니다.

* 멘토대표

하나, 저는 멘토의 역할을 소중히 여기며 멘제의 역할 모델로서 멘제의 성장을 위해 깊은 관심과 노력을 기울일 것을 다짐합니다.

* 멘제대표

둘, 저는 멘제로서 언제나 바른 생각과 겸손 마음으로 항상 모범이 되어 멘토로 성장하는 데 최선을 다하겠습니다.

* 멘토/멘제 대표.

셋, 우리는 멘토링 활동 모임에 최우선을 두겠습니다.

넷, 우리는 미팅시간을 상호 성실히 지키겠습니다.

다섯, 우리는 멘토링 과정에서 알게 된 상호 간 비밀을 언제나 보호하겠습니다.

200 년   월   일

멘토대표: 서명

멘제대표: 서명

3) 멘토/멘제 활동 약정서

멘토링 활동약정은 멘토/멘제가 공동 활동하는 데 있어서 매우 가치 있는 도구입니다.

멘토링에 참여하는 모든 멘토 멘제들로 하여금 이 모임이 무엇을 하는 모임인가에 대해 공동관심사를 가질 수 있도록 도와줍니다.

멘토링 활동 개시 시점이나 기존 활동이 만기되었을 때, 멘토링 참여자들은 아래의 질문에 대하여 서로의 의견을 모을 수 있도록 잠시 시간을 할애해야 합니다. 모든 참여자들은 사전에 충분한 시간을 갖고 토론과정을 거쳐서 약정에 서명한다면 마음으로 동조하

고 멘토링 활동의 나아갈 방향성을 결정하는 데 기여할 수 있다고
느끼게 될 것입니다.

[약정서]

1. 활동목적: 우리의 활동목적은 멘토링 활동을 통하여 상호 간
   인간성장을 목적으로 한다.

2. 활동목표: 우리의 활동목표는 개인목표로 인격지수를 높이는
   데와 회사목표로는 (신입사원 정착률 향상)을 목표로 한다.
   목표 예) 경력개발, 목표 예) 지식전이목표, 예) 노사화합 등

3. 활동 기간: 우리의 활동 기간은 12개월로 한다(2009. 9. 1~
   2010. 8. 31).

4. 미팅주기: 우리의 미팅주기는 주 1회로 한다.

5. 미팅시간: 우리의 미팅시간은 매회 1시간 내외로 한다. 특별한
   경우는 상호 협의해서 장단을 결정한다.

6. 미팅장소: 우리의 미팅장소는 사 내외 등을 불문하고 자유롭
   게 정한다.

7. 미팅소재: 우리의 미팅소재는 목적과 목표에 합당하게 정하되
   회사 적합성 소재, 인간성 소재, 생산성 소재, 장래성 설계 소
   재 등을 우선적으로 다룬다.

8. 활동규칙
   1) 우선순위 – 우리들은 멘토링 활동모임에 우선을 둔다.
   2) 참여의견 – 우리들은 미팅 시 자신의 의견을 말할 수 있고
      모든 질문들이 존중되어야 한다.
   3) 비밀유지 – 우리들은 모임에서 다른 내용을 외부에 보안을

유지한다.

4) 상호협력 – 우리는 특별 활동 프로그램을 계획 시 상호 충분히 논의 후 결정한다(봉사활동 가정방문 체력단련 등).

약정일: 200 년   월   일

멘토: 서명

멘제: 서명

4) 종료식 프로그램 세부 진행순서

업체상호:

종료일자:

행사장소:

1	*폐회사 지금부터 멘토/멘제 활동 종료식을 거행하겠습니다	사회자
2	* CEO 축사 멘토/멘제 6개월 수고 감안한 축사와 향후 멘토링 추진 방안	CEO
3	* 실적보고 　1) 개인역량 및 업무 숙달률 　2) 그룹정량 및 정성평가 실적	멘토링 TFTeam장
4	* 표창 및 상금전달 　1) 우수 멘토 1~3등 　2) 우수 멘토링 쌍 1~3쌍 　3) 활동 수기(手記) 작성 우수상 　4) 멘토링 활동 공로자 　5) 멘토 인증서 전달	CEO
5	* 우수자 및 쌍별 발표 수상자 중에서 선발	사회자
6	* 종료 기념 친목 만찬	사회자

2. 평가진단 도구 양식

1) 정성평가: 개인 만족도 평가

멘토링 활동은 멘토/멘제의 개인 활동이 우선하고 참여자의 개인 만족도의 여하에 따라 조직 만족도가 좌우됨으로 개인 인간성 평가가 우선된다.

평가 명칭: 정성평가 개인 만족도 평가

평가 방법: 4가지 만족도 진단도구를 사용하여 평가한다.

평가 참여: 멘토/멘제

평가 시점: 멘토링 활동 마감 즉시

정성평가 개인 만족도 진단도구

구분	번호	진단도구	5	4	3	2	1
업무	1	현재담당업무에 만족도 여부					
	2	상급자와 업무처리 협조 여부					
	3	담당업무 처리절차를 알고 있는 정도					
	4	타 부서와 업무협조 여부					
	5	금번 멘토링을 통해 업무숙달 정도					
활동	1	활동 기간 만족도 여부					
	2	멘토/멘제 서로 활동 만족도 여부					
	3	미팅 활동이 유익 여부					
	4	얼마나 개인 성장 여부					
	5	멘토링 활동에 다시 참가 여부					
관계	1	멘토/멘제 서로 관계 만족도 여부					
	2	조직의 상급자와 관계 만족도 여부					
	3	조직의 동료와 관계 만족도 여부					
	4	가정식구들과 관계 만족도 여부					
	5	사회 접촉사람과 관계 만족도 여부					
소식	1	우리 조직의 인간존중 만족도 여부					
	2	내가 신뢰받고 있는 만족도 여부					
	3	인사관리에 민족도 어부					
	4	급여체계의 만족도 여부					
	5	조직 CEO 리더십에 만족도 여부					

2) 정량평가: 조직 효율성 평가

조직에 적용되는 제도적 멘토링은 인간성 바탕 위에 생산성 효과를 얻는 게 목적이다.

특히 정량평가 기준은 생산 효율성을 기반으로 하는 게 원칙이다.

평가 명칭: 정량평가 조직의 효율성 평가

평가 방법: 5가지 효율성 평가 지수에 의거하여 금번 해당되는 항목을 적용한다.

평가 주관: 멘토링 전문가와 전문 컨설턴트

평가 시점: 멘토링 활동 마감 즉시

정량평가 효율성 평가기준

구분	평가방법	효율성(%)
유지율	목적: 멘토/멘제 쌍별로 제대로 유지되고 있는가	
	산식: 현재 쌍/당초 쌍×100	
정착률	목적: 신규직원의 정착이 제대로 되고 있는가?	
	산식: 현재 멘제 수/당초 멘제 수×100	
참여율	목적: 멘투/멘제가 행사나 교육 참여 잘하는가?	
	산식: 참석인원/총인원×100	
숙달율	목적: 금번 멘토링 기간에 업무 숙달되었는가?	
	산식: 금번숙달 기간/정상으로 걸리는 기간×100	
회수율	목적: 투자자금이 수익적 회수 성과가 있는가?	
	산식: 회수자금/투자자금×100	
	회수자금 산출에 참고사항 1. 전년보다 추가 정착 신입직원×월평균 보수액 2. 멘제 업무 조기숙달 기간×월평균 보수액	

3) 모니터링 평가도구

멘토링 활동이 진행되는 동안 또는 종료 후에, 반드시 그 활동 성과를 모니터링하는 작업이 필요하다.

다음과 같은 정성적 설문을 통해 멘토와 멘제가 느낀 멘토링 활동의 효과성을 분석해 볼 수 있다. 진단 결과는 서로에게 피드백을 해 주거나, 멘토링 관계자들이 모두 참석하여 토론하는 데 활용할 수 있다.

설문내용	답변
1. 만남의 양과 질 - Meeting 1) 주로 언제, 어떤 상황에서 만났습니까? 2) 일반적으로 만나서 무엇에 대해 이야기를 했습니까? 3) 현재 어떤 목적을 위해 만나고 있습니까?	
2. 상호관계 - Relationship 1) 상호 관계를 맺어 활동하면서 특별히 좋았던 점은? 2) 지금까지 관계를 유지하면서 가장 큰 어려움은 무엇이었습니까? 3) 멘토링 관계를 향상시키기 위해 좀 더 필요한 것이 있다면?	
3. 업무의 효과성 - Learning 1) 서로에 대해 어떤 점을 배웠습니까? 2) 서로에 대한 업무 능력을 향상하는 요건으로는 어떤 것들이 있었습니까? 3) 멘제는 업무 능력 향상률을 몇 %로 올릴 수 있습니까?	
4. 멘토/멘제 신뢰성 - Integrating 1) 우리의 연결은 상호 욕구를 충족시키고 있다. 2) 우리는 서로 정기적으로 만난다. 3) 우리는 미팅시간을 효과적으로 활용하고 있다. 4) 우리가 무엇을 할 것인가에 대해 명확히 알고 있다. 5) 우리는 상호 하는 말을 정확히 이해하고 있다.	불만족 - 만족 1 2 3 4 5 1 2 3 4 5 1 2 3 4 5 1 2 3 4 5 1 2 3 4 5

4) 멘토링 활동 전반에 대한 질문

(1) 당신이 멘토링 활동 기간 중 멘제와 몇 회 만났습니까?

① 직접미팅: 총　　회　　　② 전화 및 기타 면담: 총　　　회

(2) 당신이 멘제를 만날 때 1회에 소비된 평균 시간은 어느 정도
였나요?

0.5시간(　　　)　　　　　1시간(　　　)　　　　1.5시간(　　　　)

2시간(　　　)　　　　2.5시간(　　　)

(3) 당신이 멘제를 만나 주로 한 미팅 소재는 무엇입니까?

① 인성상담　　② 진로상담　③ 자격시험　④ 업무지도

⑤ 조직 경영　⑥ 친목교제

(4) 당신이 주로 진행한 활동에 대해 만족하십니까?

매우 만족－－－－1　　　2　　　3　　　4　　　5－－－－－－매
우 만족하지 않음

(5) 멘토링 활동을 진행하면서 멘제와 관계가 좋아졌습니까?

매우 좋아짐－－－－－1　　　2　　　3　　　4　　　5－－－－－
좋아지지 않음

(6) 멘토링 활동이 가장 유익했다고 생각되는 점은 무엇입니까?

① 개인성장　　② 관계개선　　③ 타인배려　　④ 업무능력 향상

⑤ 애사심

(7) 멘토링 활동 중 가장 어려웠던 점은 무엇입니까?

① 활동비　　② 시간할애　③ 업무에 지장

④ 여가활동 못한 점　⑤ 멘제와 관계

(8) 앞으로 멘토링 활동을 다시 할 의향이 있습니까?

매우 그렇다 - - - - - - - -1　　　2　　　3　　　4　　　5 - - -

- - 매우 그렇지 않다

3. 멘토링 행정양식

1) 멘토 지원서(Mentor Application)

성명:　　　　　　부서:　　　　　　소속장:

전화:　　　　　HP:　　　　　　이메일:

지원동기:		
멘제에게 도움 줄 수 있는 요건: 1. 멘토링 수강경력 2. 전공과목 3. 자격증 및 지적 재산권 등 4. 조직에서 전문 분야 및 핵심역량 5. 기타 특기		
교육사항		
학교/기관	학위/자격증	졸업
기타(교육/경험 등)		
상기와 같이 지원합니다. 200　년　　월　　일 지원자 성명:　　　서명		

최종결정: 멘토링운영위원장
최종심사결과를 아래와 같이 발표한다. 가함(　) 다음 기회 재심(　　) 유보함(　　) 멘토링운영위원장 성명:　　　서명

2) 멘제 지원서(Menger Application)

성명:　　　　부서:　　　　소속장:

전화:　　　　HP:　　　　이메일:

<table>
<tr><td>지원동기:

</td></tr>
<tr><td>멘토에게서 얻고자 하는 내용

</td></tr>
<tr><td>멘토에게 도움 줄 수 있는 요건:
　1. 멘토링수강 경력
　2. 전공과목
　3. 자격증 및 지적 재산권 등
　4. 조직에서 전문 분야 및 핵심역량
　5. 기타 특기</td></tr>
<tr><td>기타 사항:
</td></tr>
<tr><td>상기와 같이 지원합니다.
200　년　　월　　　　일
지원자 성명:　　　서명</td></tr>
<tr><td>최종결정: 멘토링운영위원장</td></tr>
<tr><td>최종 심사결과를 아래와 같이 발표한다.
가함(　　) 다음 기회 재심(　　) 유보함(　　)
멘토링운영위원장 성명:　　　　　서명</td></tr>
</table>

3) 멘토 월간보고서(Mentor Report)

구분	성명	소속		정기미팅 요일	결연일	성격 유형
		부서	팀			
Mentor						
Menger						

　* (　　　　　)월 멘토/멘제 미팅 활동내용

미팅 횟수	월일 장소		소재 내용	비고
1차 미팅	월일	장소	1 2 3 * 다음 소재:	
2차 미팅	월일	장소	1 2 3 * 다음 소재	
3차 미팅	월일	장소	1 2 3 * 다음 소재	
4차 미팅	월일	장소	1 2 3 * 다음 소재	
5차 미팅	월일	장소	1 2 3 * 다음 소재	

* 멘토/멘제 관계보고   좋음 - -5   4   3   2   1 - -안 좋음
* 발생된 문제점은?
* 기타 보고 사항
* 활동비 정산
- 총사용 금액(   ) - 증빙서 보완금액(   ) - 증빙서 불비금액(   )

4) 멘제 계간보고서

멘토가 된 후에는 자기중심인 이기주의에서 타인중심인 이타주의로 혁신적인 삶의 변화가 강력히 요구된다. 멘토는 멘제의 전인적인 삶의 조언자다.

(1) 의미   멘토기 멘제를 위히어 얼마나 영향력을 발휘했는가를 평가하는 데 의미가 있다.

(2) 목적 – 멘토의 목표의식, 책임의식, 자부심을 고취하여 성공률을 높이는 데 목적이 있다.

(3) 내용 – 멘토의 전인적인 분야로 전문적인 면, 정서적인 면, 의지적인 면을 내용으로 한다.

(4) 방법 – 모니터의 주관으로 멘제가 자기 멘토를 무기명으로 [평가 진단도구]에 의해 평가한다.

(5) 적용 – 평가 결과치에 의거하여 40점 미만 경우에는 보수교육, 20점 미만은 모니터 면담 등으로 보완한다.

구분		멘토의 전인적 서비스의 평가 진단도구	5 탁월	4 우수	3 보통	2 보완	1 미달
전문 분야	지식기술	지식과 기술이전이 잘되고 있다.					
	업무지원	업무지원이 잘되어 업무가 숙달되고 있다.					
	노하우	노하우를 제대로 얻을 수 있는 계기다.					
	정보공유	가치 있는 정보공유가 잘되고 있다.					
	경력개발	경력개발에 큰 도움이 되고 있다.					
정서 분야	정서향상	친목미팅 등 정서 활동에 도움이 되고 있다.					
	타인배려	어려운 일 처리에 많은 도움받고 있다.					
	건강향상	정신 및 신체 건강 증진에 도움이 된다.					
	관계촉진	상호 간 멘토링 활동 미팅을 자주 한다.					
	심리차원	상담과 대화를 통해 감사의 마음이 생긴다.					
의지 분야	의지결단	리더로 성장하고 싶은 의욕이 강하다.					
	윤리의식	선과 악의 구분을 분명하게 한다.					
	절제관리	혈기 등 본능적인 면에서 절제가 잘된다.					
	목표의식	생애목표 및 업무 목표설정에 도움이 된다.					
	리더역할	멘토를 모델로 차후 나도 멘토가 되고 싶다.					
합계점수							

평가기준	탁월 멘토 71~75	우수 멘토 61~70	보통 멘토 41~60	보완 멘토 21~40	미달 멘토 01~20
득점평균					
차후대안	포상대상	OK	OK	보수교육	모티터면담

5) 모니터 수시 보고서(Monitor Report)

구분	Mentor에 관한 사항	Menger에 관한 사항
인적 사항	성명: 생년월일: 부서: 직책: 주요 특기사항:	성명: 생년월일: 부서: 직책: 주요 특기사항:
성격 문제		
현재 상태		
예상 문제점		
해결 방안		
실적	1. 수시평가 2. 중간평가 3. 결과평가	

6) Mentoring Plan(Mentor/Menger)

멘토/멘제 실천계획서
(Braingame)

작성일자:
멘토: 사인
멘제: 사인

개발 소재	현재 지수	진행 중인 사항	지원 사항	진행 완료일	다음 진행사항
마음지수 1 2 3					
지식지수 1 2 3					
건강지수 1 2 3					
관리지수 1 2 3					
관계지수 1 2 3					

7) 개인개발 Tool: 멘토 자생력 진단도구

멘토링의 최종단계는 성과단계로 멘토가 멘제를 자기와 같은 멘토로 재생산(Reproducting)하는 것이다.

멘토나 멘제가 멘토라는 리더로 성장하고 특히 아래 멘토의 자질 테스트로 3가지 활동의식이 필수적이다.

(1) 소명의식(Calling) – 멘토로서 부르심과 자부심, 책임의식의 성과 테스트다.

(2) 사명의식(Mission) – 멘토로서 멘제를 위하여 감성적인 활동 성과 테스트다.

(3) 창의의식(Creativity) – 멘토로서 멘제가 목표를 달성할 수 있도록 성과 테스트다.

* 멘토 자기진단 측정 척도

채점방법: 1점＝거의 2점＝드물게 3점＝간혹 4점＝대부분
5점＝언제나

유의사항: 본 진단은 자기진단임으로 타인을 의식할 필요는 없다. 멘토 자신의 자생력을 개발하는 기준 자료다.

번호	구분	멘토 자생력(Selfscored) 진단도구	점수
1	소명 의식	멘제와 직장체험 나누고 궁금해하는 점을 설명해 준 적이 있다.	
2		내가 속해 있는 회사에 만족하며 다른 이에게도 권할 의향이 있다.	
3		조직의 구성원이 된 것에 감사하고 있으며, 멘토가 된 것도 나에게 주어진 사명이라고 생각한다.	
4	사명 의식	자신의 가족을 멘제에게 소개하고 식사를 함께한 적이 있다.	
5		멘제의 애경사에 관심을 갖고 참석한다.	
6		멘제에게 힘겨운 일이 생겼을 때, 나는 그가 찾아올 수 있는 평안한 사람이라고 생각한다.	
7		멘제가 관심을 보이는 자선단체나 봉사활동에 대해 조언을 해 줄 수 있을 정도의 지식을 갖고 있다.	
8	창의 의식	멘제가 최근에 했던 고민을 알고 해결을 위해 노력하고 있다.	
9		멘제에게 학교 출판자료나 전문 서적 구입을 권한다.	
10		가끔 조직 밖으로 나가서 그들과 함께 유익한 문화생활을 한다.	
		소계	

8) 조직개발 Tool: 인간존중 진단도구

인간존중 지수측정을 실시하므로 아래 3가지 효과를 거둘 수 있다.

효과 1. 멘토링을 우선적으로 도입해야 할 분야를 알게 된다.

효과 2. 경영자가 측정 자료로 인간존중 경영을 체계적으로 실행이 가능하다.

효과 3. 멘토, 멘제 등 참여자들이 자부심과 책임감과 회사 충성도가 높아진다.

채점방법: 간부급과 멘토 그룹으로 구분하여 진단하고 차이를 분석하면 개인은 만족감과 조직은 인간 존중의 공동체 문화가 구축되는 성과를 얻는다.

채점기준: 5－4－3－2－1(간부급과 멘토 그룹으로 구분하여 진단하고 차이를 분석)

주제	번호	진단설문도구	점수
인간성 경영 Humanity	1	우리 조직은 구성원을 위한 포용력이 넓다.	
	2	한 사람의 가치를 입무보다 더 중시한나.	
	3	먼저 적성에 맞게 보직 배치를 한다.	
	4	구성원들이 회사의 비전이나 목표를 뚜렷이 알고 있다.	
신뢰경영 Twoway	5	구성원들을 신뢰하여 위임전결이 확대되어 있다.	
	6	부서 간 업무/상하 간 대화가 잘 이뤄지고 있다.	
	7	경영층의 언, 행 일치로 구성원들에게 신뢰도가 높다.	
	8	새 방침 시행 전에 구성원들에게 알려 공감대가 이뤄진다.	
만족경영 CRM	9	우리 조직의 제품이나 서비스 품질은 우수하다.	
	10	구성원들의 전문성을 위하여 적극 투자한다.	
	11	구성원 개인별 자료 파일(Data Base)로 인사관리를 한다.	
	12	경영자가 사원들에게 약속한 내용은 틀림없이 지킨다.	

주제	번호	진단설문도구	점수
감성경영Hightouch	13	구성원들이 특별히 독서를 많이 하는 편이다.	
	14	구성원들의 성격유형과 취미나 특기개발이 되어 있다.	
	15	가족적인 분위기와 팀워크가 중요시되어 있다.	
	16	업무 이외의 인간적인 배려와 개인생활도 지원해 준다.	
마음경영 Mindship	17	고충 처리 등 슬럼프에 빠진 구성원을 바로 챙겨준다.	
	18	공로상 모범상 우수상 등 표창을 받은 구성원이 많다.	
	19	구성원들이 일한 만큼 대우를 받아 만족도가 높다.	
	20	우리 조직은 책망보다 칭찬을 훨씬 많이 한다.	
	합계	간부급 평균( ) 멘토 그룹 평균( )	

System. 멘토링 전산시스템

1장

멘토링에 관한 소개

1. 멘토링의 필요성

1) 기업에서의 필요성

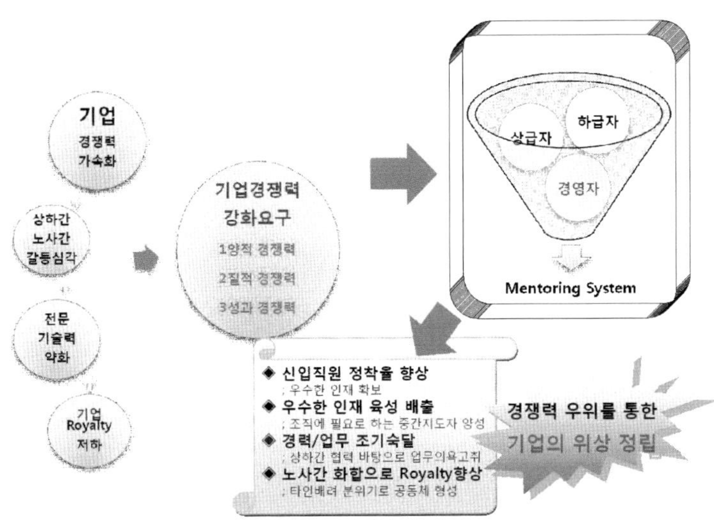

2) 학교에서의 필요성

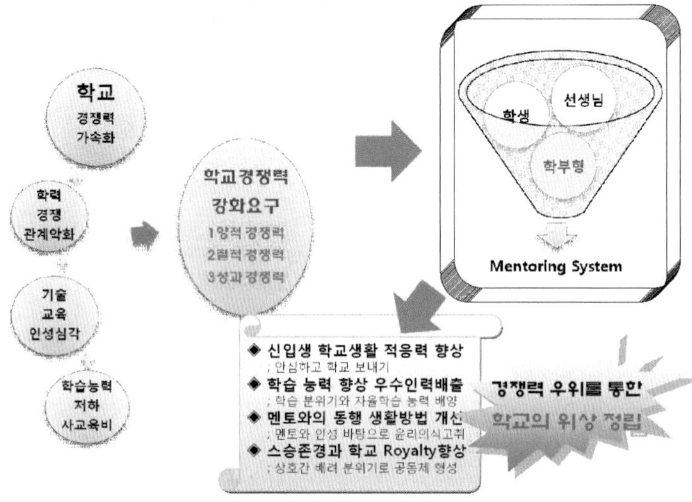

3) 대학에서의 필요성

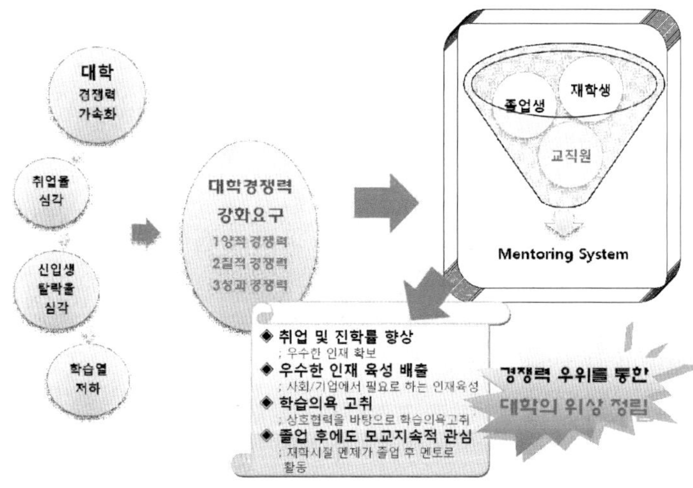

4) 교회에서의 필요성

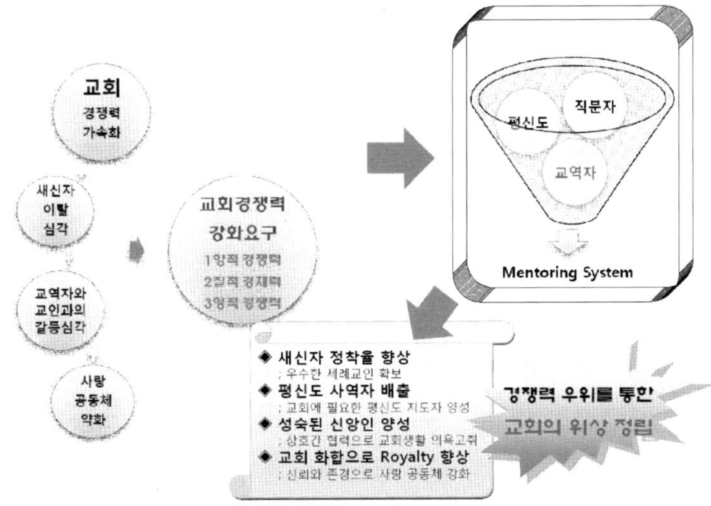

5) 공공기관에서의 필요성

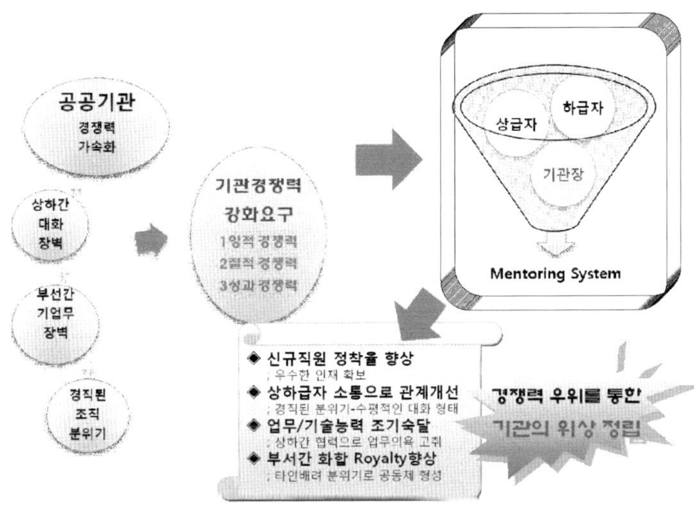

6) 청소년 단체에서의 필요성

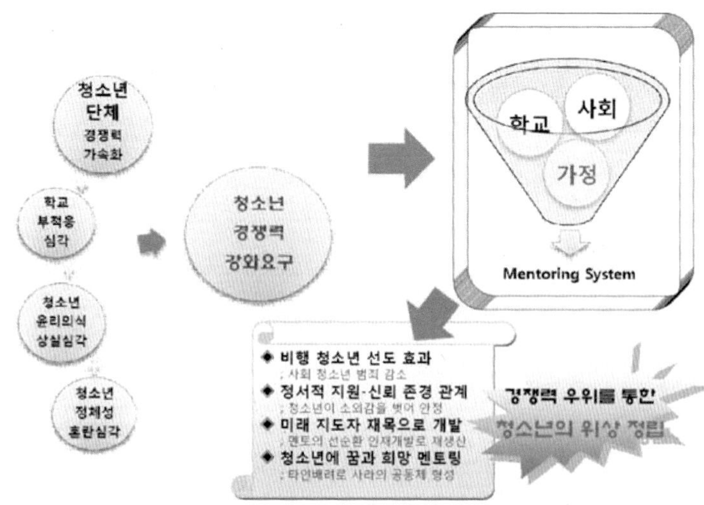

2. 멘토링이란?

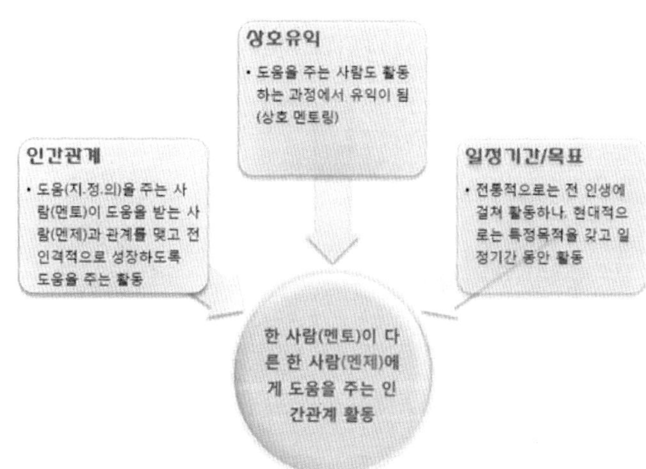

3. 멘토링 제안배경

- 조직이 미래의 핵심인재를 육성하고 현장에서 업무/학습 성과를 도출
- 구성원들의 개인 만족도와 조직의 효율성을 높일 수 있는 인재양성
- 각자의 특성에 맞는 소질을 계발하고 잠재력을 발굴하여 지도함으로써 희망을 가질 수 있도록 도와주는 멘토링 시스템 운영

기업	학교	대학	교회	공공기관	청소년단체
신입직원 적응력 경력/업무 숙달 노사 간 화합촉진	학습능력향상 학생 생활 개선 교사 자기 장학	신입생 적응력 학습능률 향상 취업률 향상	새 신자 적응력 재적/출석 향상 중보기도 활성화	신규직원 정착 업무/기술숙달 대민 성과 향상 전문 자격 취득	청소년 선도 슬럼프 회복 미래리더 개발

그동안 당사의 노하우를 바탕으로 멘토링을 성공적으로 추진하도록 지원코자 함

4. 멘토링 별 내용분석(기업)

경쟁력	멘토링 종류	주요활동내역	효과
양적 경쟁력	신입사원 정착 향상 전문/자격자 확보율	– 신입사원, 전입사원 선정 – 업무미숙자나 자격 미소자 선정 – 외국어 완전정복 대상자 선정 *선배나 전문 자격자와 1:1 연결	– 정착 향상율 상승 – 전문/자격자 확보율 상승 – 외국어 숙달 확보율 상승
질적 경쟁력	평사원 리더 개발 핵심 인재 개발	– 멘토/멘제 중 핵심 멘토 선정 – 회사 핵심인재/업무대상자 선정 *직분자와 1:1로 연결 1년 동행	– 멘토 리더 확보율 상승 – 후계자 및 행심인재 확보
성과 경쟁력	경력/업무 성과율 영업/생산 성과율 노사 간 화합 성과율	– 저경력자나 업무숙달 대상 선정 – 영업 스킬, 생산 스킬 대상 선정 – 노사 간 화합 촉진 대상자 선정 *간부급 및 숙달자와 1:1로 연결	– 경력개발 업무조기 성과 – 계약율과 생산수율 성과 – 노사협상회수 감소 성과

◆ 위와 같은 멘토링를 효과적으로 추진하기 위해서:

○ 멘토링의 과학적, 체계적인 수행

　(matching, monitoring, evaluation)

○ 멘토와 멘제의 수가 많은 멘토링 활동에서의 철저한 관리제공

○ 멘토링 활동의 부(반) 작용의 사전 탐색을 위한 모니터링

○ 대면에 의한 시간적, 공간적 제약을 Cyber 공간을 통하여 최대한 해소

○ 멘토링 추진에 효과적으로 접근하는 용이성 제공

5. 멘토링 별 내용분석

1) 학교 분석

멘토링 종류	내용	주요활동내역	효과
자율 학습능력 향상 멘토링	학습 열등자, 학습영재급 지원	− 학업이 특별히 우수 영재 선정 − 학업이 특별히 부진 열등 선정 *멘토와 1:1로 영재 및 보충학습	열등 − 학습 성적 향상 영재 − 조기 발견 대책 − 평준화 보완 효과
학생 생활 개선 지도 멘토링	인성바탕 접근으로 윤리 의식 지원	− 담배 피우는 자, 술 마시는 자 − 조폭에 가입자, 소외된 자 *우수학생이나 교사와 1:1 동행	인성 회복의 기회 진로지도 오픈 마인드 − 문제 학생 선도 효과
교사 자기개발 장학 멘토링	교사 자기능력 체계적 개발 장학 지원	− 신규 발령 교사 선정 − 전입하여 온 교사 선정 *기존 교사와 1:1로 1년 동행	신규 학교 정착 효과 타성적 교수법 개선 − 실력 교사로 인정

◈ 위와 같은 멘토링을 효과적으로 추진하기 위해서:

○ 멘토링의 과학적, 체계적인 수행

　(matching, monitoring, evaluation)

○ 멘토와 멘제의 수가 많은 멘토링 활동에서의 철저한 관리제공

○ 멘토링 활동의 부(반) 작용의 사전 탐색을 위한 모니터링

○ 대면에 의한 시간적, 공간적 제약을 Cyber 공간을 통하여 최대한 해소

○ 멘토링 추진에 효과적으로 접근하는 용이성 제공

2) 대학 분석

경쟁력	멘토링종류	주요활동내역	효과
양적 경쟁력	신입생 정착률 향상	- 신입생과 재학생을 연결 - 신입생이 학교생활에 신속히 적응하도록 하고 - 적성 및 특기를 발견토록 지도	신입생이 조기 학교생활에 정착 - 휴학, 자퇴 억제
질적 경쟁력	학습능률 향상	- 각 적성, 특기별 능력자(멘토)가 미숙하거나 미진한자를 지도	학교전체에 면학분위기 조성 - 지식, 인격적 성장
성과 경쟁력	취업/진학률 향상	- 졸업생 또는 취업/진학 전문가가 재학생에게 취학, 진학지도	취업/진학 카운셀링 및 정보제공 - 취업/진학 성취

◆ 위와 같은 멘토링을 효과적으로 추진하기 위해서:

○ 멘토링의 과학적, 체계적인 수행

  (matching, monitoring, evaluation)

○ 멘토와 멘제의 수가 많은 멘토링 활동에서의 철저한 관리제공

○ 멘토링 활동의 부(반)작용의 사전 탐색을 위한 모니터링

○ 대면에 의한 시간적, 공간적 제약을 Cyber 공간을 통하여 최대한 해소

○ 멘토링 추진에 효과적으로 접근하는 용이성 제공

3) 교회 분석

경쟁력	멘토링 종류	주요활동내역	효과
양적 경쟁력	새 신자 정착률 향상 재적대 출석율 향상	− 새 신자와 직분자와 연결 − 재적부에 있으나 불출석자 선정 − 교회 가끔 출석자를 선정 *직분자와 1:1로 세례까지 동행	− 이탈률 감소 − 재적대 출석률 향상 − 헌금률 향상
질적 경쟁력	평신도 리더개발 청소년 리더 개발	− 평신도중 사역/봉사대상자 선정 − 청소년/대학생 리더 대상 선정 *직분자와 1:1로 연결 1년 동행	− 멘토 리더 확보율 확대 − 청소년 교회 자긍심 향상
영적 경쟁력	중보 기도 성취율 슬럼프 교인 회복률	− 특정 기도대상자 선정 − 슬럼프 교인 선정 − 교회 비평/불만자 선정 *직분자와 1:1로 1년 동행	− 사랑의 공동체 구축 − 봉사자 확보율 향상 − 교회 사랑 Royalty 향상

◈ 위와 같은 멘토링을 효과적으로 추진하기 위해서:

○ 멘토링의 과학적, 체계적인 수행

   (matching, monitoring, evaluation)

○ 멘토와 멘제의 수가 많은 멘토링 활동에서의 철저한 관리제공

○ 멘토링 활동의 부(반)작용의 사전 탐색을 위한 모니터링

○ 대면에 의한 시간적, 공간적 제약을 Cyber 공간을 통하여 최대한 해소

○ 멘토링 추진에 효과적으로 접근하는 용이성 제공

4) 공공기관 분석

경쟁력	멘토링 종류	주요활동내역	효과
양적 경쟁력	신규직원 정착률 향상 멘토링	- 신규직원과 기존직원을 연결 - 신규직원이 직장생활에 신속히 적응하도록 하고 * 적응력 향상과 업무처리기술	신입직원이 직장생활에 안정적으로 정착 - 이직률 억제
질적 경쟁력	업무/기술 조기숙달 멘토링	- 기술이 저하자를 선정 - 업무미숙자, 신입, 전입자, 선정 *경력자나 자격자와 1:1 동행	경력개발의 성과자 업무 조기 숙달자 - 전문인력 확보
성과 경쟁력	민원 성과 향상 전문 자격 취득 멘토링	- 민원근무자 1:1로 1년간 동행 - 무자격자와 유자격자 1:1 동행	민원 감소율 효과 전문자격 취득률 효과 - 성과율 상승 효과

◆ 위와 같은 멘토링을 효과적으로 추진하기 위해서:

○ 멘토링의 과학적, 체계적인 수행

  (matching, monitoring, evaluation)

○ 멘토와 멘제의 수가 많은 멘토링 활동에서의 철저한 관리제공

○ 멘토링 활동의 부(반)작용의 사전 탐색을 위한 모니터링

○ 대면에 의한 시간적, 공간적 제약을 Cyber 공간을 통하여 최대한 해소

○ 멘토링 추진에 효과적으로 접근하는 용이성 제공

5) 청소년 단체

멘토링 종류	내용	주요활동내역	효과
청소년 선도 멘토링	비행, 문제 청소년 정상 생활 지원	- 학교 부적응 청소년 선정 - 담배, 술, 조폭 청소년 선정 *사회 저명인사, 대학생과 결연	가정과 학교에 정상생활 안정적으로 정착 - 범죄율 억제
슬럼프 청소년 회복 멘토링	인성 중심으로 정서적인 상담 통해 지원	- 사회에서 소외된 청소년 선별 - 가정, 학교에서 문제 학생 선정 *교사나 사회 인사와 1:1 동행	예방 범죄 차원에서 인성 회복 효과 - 정상 청소년 회목
미래 지도자 개발 멘토링	꿈과 희망을 통해 미래 지도자로 지원	- 적성과 재능개발로 영재급 선정 - 인간성 회복으로 리더급 선정 *교사, 사회인사, 대학생과 결연	양적 교육의 문제점을 질적 멘토링 개선효과 - 미래 리더개발 효과

◈ 위와 같은 멘토링을 효과적으로 추진하기 위해서:

○ 멘토링의 과학적, 체계적인 수행

(matching, monitoring, evaluation)

○ 멘토와 멘제의 수가 많은 멘토링 활동에서의 철저한 관리제공

○ 멘토링 활동의 부(반)작용의 사전 탐색을 위한 모니터링

○ 대면에 의한 시간적, 공간적 제약을 Cyber 공간을 통하여 최대한 해소

○ 멘토링 추진에 효과적으로 접근하는 용이성 제공

6. 멘토링 시스템 특징

○ 멘토링이 목표로 삼고 있는 멘제의 잠재능력을 개발하여 효과적으로 멘토링 수행

○ 대학에서 추진코자 하는 여러 가지 목표를 효과적으로 날성

하기 위해 가장 적합한 도구설계 및 적용

○ 멘토링에 대한 전반적인 이해도를 높여 향후 지속적으로 멘토링 프로그램을 진행하는 데 도움

○ 개인 간 멘토링과 달리 멘토의 지원과 강제성이 강한 조직의 현실을 감안한 최적의 대안 제시

○ 시간과 공간적 제약을 탈피할 수 있는 솔루션을 제공하여 적용 - Cyber 교육시스템 등

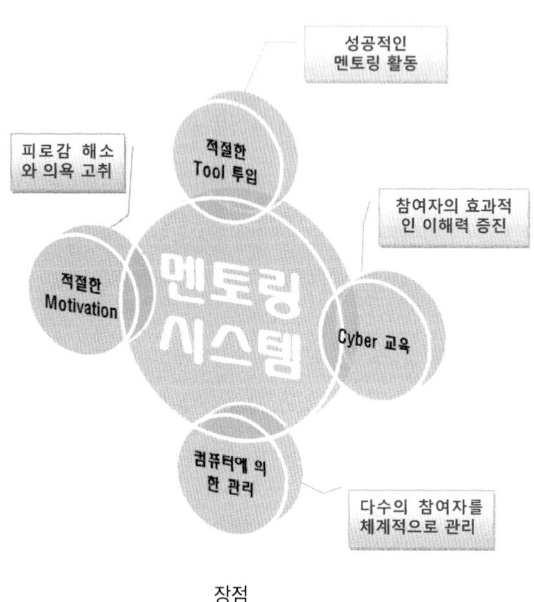

장점

7. 멘토링의 효과

- 직접효과

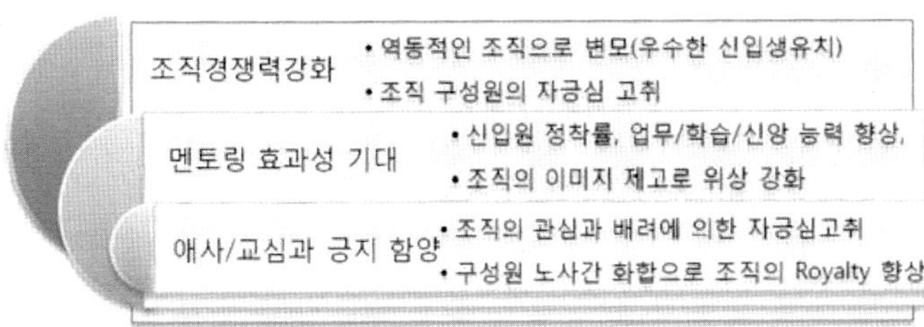

- 간접효과

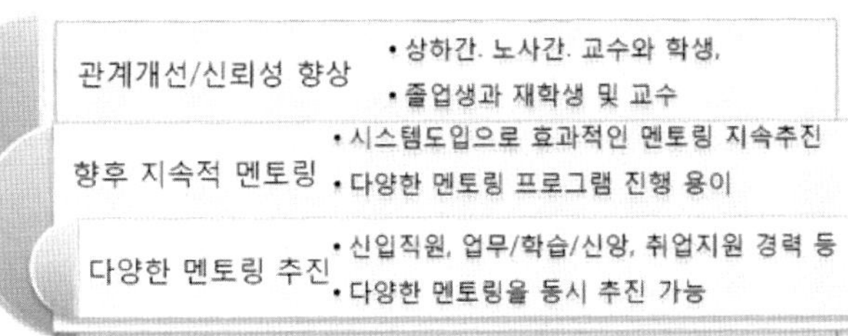

1. 시스템 사전진단

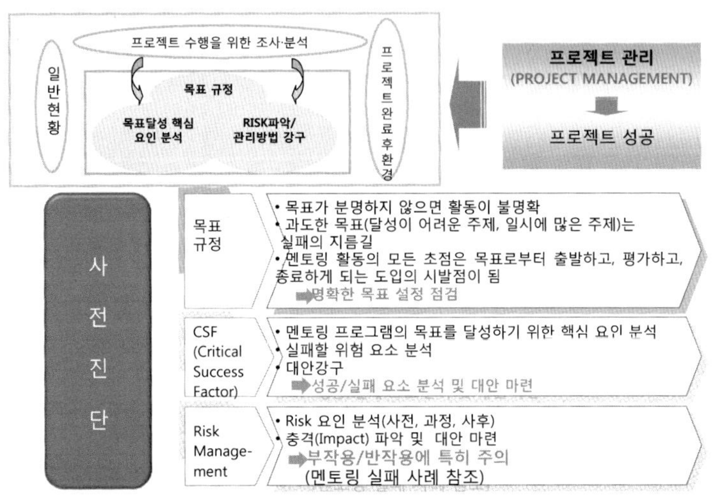

프로젝트 수행을 위한 조사·분석
일반현황
목표 규정
목표달성 핵심 요인 분석
RISK파악/ 관리방법 강구
프로젝트 완료후 환경
프로젝트 관리
(PROJECT MANAGEMENT)
프로젝트 성공
목표 규정
• 목표가 분명하지 않으면 활동이 불명확
• 과도한 목표(달성이 어려운 주제, 일시에 많은 주제)는 실패의 지름길
• 멘토링 활동의 모든 초점은 목표로부터 출발하고, 평가하고, 종료하게 되는 도입의 시발점이 됨
➡명확한 목표 설정 점검
CSF (Critical Success Factor)
• 멘토링 프로그램의 목표를 달성하기 위한 핵심 요인 분석
• 실패할 위험 요소 분석
• 대안강구
➡성공/실패 요소 분석 및 대안 마련
Risk Management
• Risk 요인 분석(사전, 과정, 사후)
• 충격(Impact) 파악 및 대안 마련
➡부작용/반작용에 특히 주의
(멘토링 실패 사례 참조)
사전진단

2. 시스템 추진단계

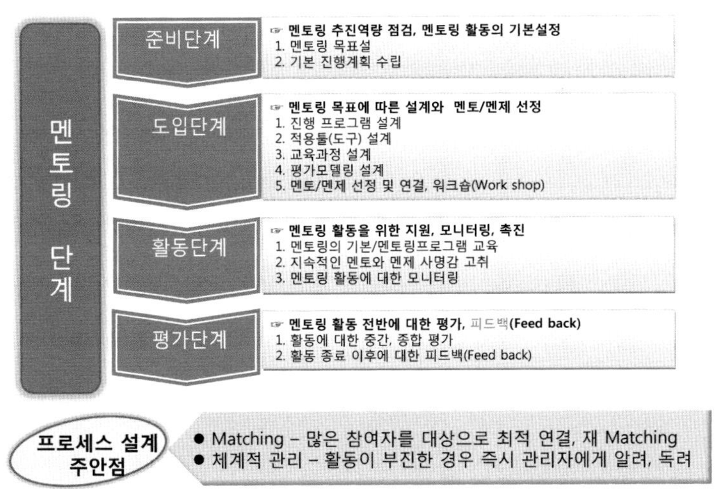

3. 시스템 설계내역

<table>
<tr><td>매뉴얼 설계</td><td>운영 매뉴얼(관리자 용 - 책자)</td></tr>
<tr><td></td><td>Quick Guide(참여자-Home Page 및 책자)</td></tr>
<tr><td></td><td>시스템 매뉴얼(전산운영)</td></tr>
</table>

4. 활동단계 지원사항

프로그램 명	지원항목	지원내용
공통	교육(On/Off Line)	간부, 교수, 교역역, 관리자, 멘토, 멘제에 대한 멘토링 기본내용, 활동 SKILL
	자료(On line)	멘토링 성공사례, 활동촉진 자료 등
신입직원(생) 새 신자정착 지원멘토링	인간관계 및 조직생활 자료	바른 인간관계, 의사소통, 리더십, 조직정보, 가치 있는 조직생활, 경력, 업무, 취업, 진로지도관련 자료 등
경력/업무/학습/신앙 능력 향상멘토링	자기개발/전문기술 관련 자료	학습이론(완전학습), CYBER 학습소개, 효과적인 학습방법.
조직의 화합/사랑의 공동체 문화 구축	인간/타인 배려 자료	- 인성문화 구축사려 - 대화. 경청. 소통 .성격파악 등 타인 배려기술자료 - 대학의 취업정보, 바람직한 진로선택, 직업의 세계(정보), 자기이력관리 요령, 취업실무(이력서작성, 자기소개서작성, 면접요령).

5. 멘토링 교육 자원

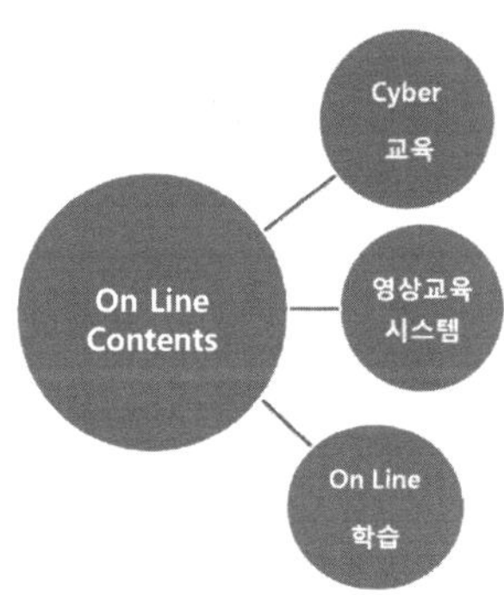

6. 당사 보유 기술현황

1)연구경력

11년 5개월 멘토링 전문연구 경력 보유

☆ 국내연구팀: 김해영 박사, 김동철 박사, 최명국 박사, 조주영 박사, 홍은경 박사

☆ 해외연구팀: William Gray교수(加) Bobb Biehl 박사(美)

2) 전문인력

멘토링 지도사 자격과정 66명 배출

3) 도서출판

멘토링 관련 도서 출간(총 20권)

4) 전산기술

멘토링 운영/관리를 위한 Tool 및 시스템 보유

5) 컨설팅 기술

멘토링 운영의 전 과정 지원

☆ 자문업체 – 을지대, 대전보건대, 안산1대, 호서대, 영동대

☆ 컨설팅 업체 – 노동부(부천지청)

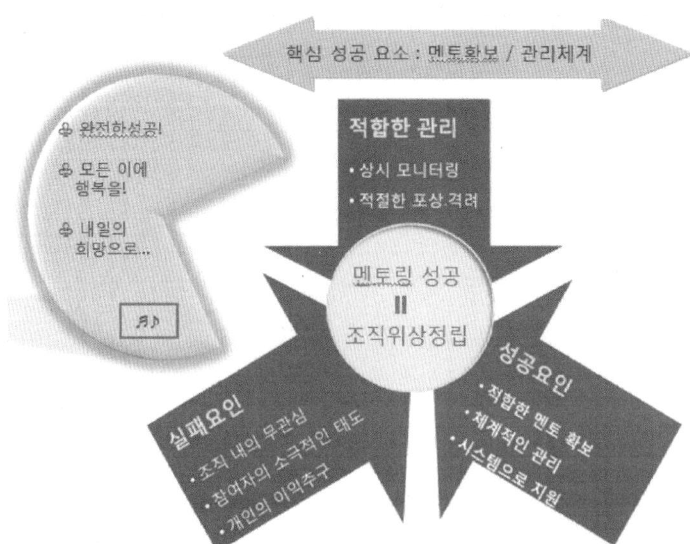
핵심 성공 요소 : 멘토확보 / 관리체계
완전한성공!
모든 이에 행복을!
내일의 희망으로...
적합한 관리
• 상시 모니터링
• 적절한 포상.격려
멘토링 성공
=
조직위상정립
성공요인
• 적합한 멘토 확보
• 체계적인 관리
• 시스템으로 지원
실패요인
• 조직 내의 무관심
• 참여자의 소극적인 태도
• 개인의 이익추구

시스템 운영 예산 편성표

1. 시스템 3가지 Style

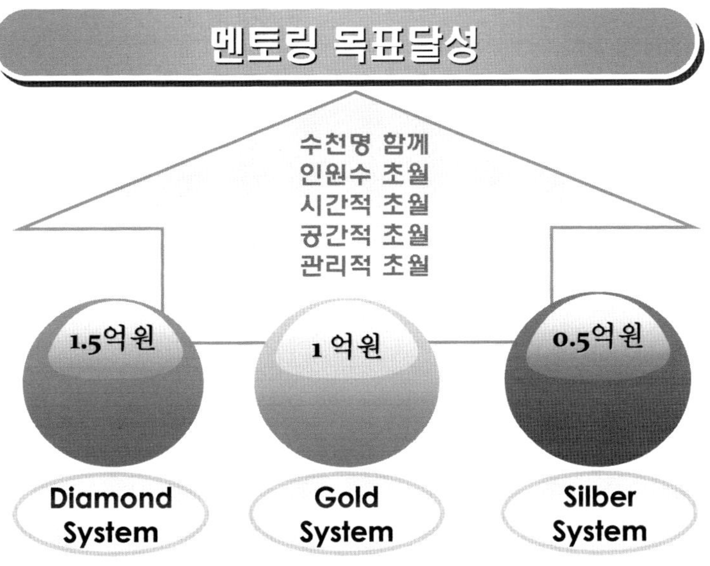

2. 시스템 예산 특징

<table>
<tr><th>Diamond
System</th><th>Gold
System</th><th>Silber
System</th></tr>
<tr>
<td>
▪전산 시스템: 0.5억
▪온라인 교육: 0.5억
▪12개월 운영: 0.5억

▪인원 1000명:500쌍
▪활동기간:1차 12개월
▪작업기간:3개월
</td>
<td>
▪전산 시스템: 0.5억
▪온라인 교육: Link
▪12개월 운영: 0.5억

▪인원 1000명:500쌍
▪활동기간:1차 12개월
▪작업기간:3개월
</td>
<td>
▪Website: 0.15억
▪온라인 교육: Link
▪12개월 운영: 0.35억

▪인원 100명:50쌍
▪활동기간:1차 12개월
▪작업기간:1개월
</td>
</tr>
</table>

* 멘토링 시스템 활용에 관한 4가지 유의사항
1) 멘토링 시스템을 업체단위로 자금을 부담하여 구축 및 운영할 것인가?
2) 당사 시스템 서버를 사용하면서 프로그램 임대료만 매번 지불할 것인가?
3) 업체에 적용분야가 추가 될 경우 예산 재편성이 대두 된다는 점
　 (예 신입사원 멘토링에 시일이 지난 후 추가로 경력개발 멘토링을 도입할 경우)
4) 주문형 예산 선택-본 시스템 예산 편성표는 모듈별로 주문형으로 선택이 가능합니다.

3. 시스템 과목별 예산

1) 전산시스템 구축 및 운영 예산

(단위: 1,000)

Module Item	Contents	SystemStyle		
		Diamond	Gold	Silber
Tool Design	− Matching Tool Design − Monitoring Tool Design − Evaluation Tool Design − 각 Tool에 사용될 Variable design 포함	8,000	8,000	
S/W 개발	− System Analysis & Design − Code, ERD, DB Design − I−O Design, Story board 작성 − 프로그램 작성(Server용 및 Web 용) − Test Scenario 작성 및 Test 실시 − Error 검증 및 correction	40,000	40,000	

Module Item	Contents	SystemStyle		
		Diamond	Gold	Silber
설치·교육	− 설치 및 초기자료 입력 교육 − 시스템 운영교육 − 매뉴얼 및 각종 Documents 작성	3,000	3,000	
Web Site	− Web Site(홈페이지) 구축 − 프로그램작성 − 영상 Story자료 서비스			15,000
합계(V.A.T 별도)		50,000	50,000	15,000

2) On Line Cyber교육 구축 예산

(단위: 1,000)

Module Item	Contents	System Style		
		Diamond	Gold	Silber
교재원고료	− 교재원고 분량 A4 200p − 교재 형식 5Module − 교재 내용 15강의 − 교재 시간 10시간용	6,000		
S/W 개발	− System Analysis & Design − I−O Design, Story board 작성 − 프로그램 작성(Server용 및 Web 용) − Test Scenario 작성 및 Test 실시 − Error 검증 및 correction	36,000	Link사용 www.cmko.com [사이버교육실]	
설치·교육	− 설치 및 초기자료 입력 교육 − 시스템 운영교육 − 매뉴얼 및 각종 Documents 작성	8,000		
합계(V.A.T 별도)		50,000		

On Line 교육에서 Gold와 Silber System에서는 본사 홈페이지(www.cmko.com)에 구축된 On Line 교육 프로그램과 연결(Link)하여 사용토록 한다.

3) 1차년 12개월 활동 예산

(단위: 1.000)

Module Item	Contents	System Style		
		Diamond	Gold	Silber
Off Line 교육예산	- 전문가 양성(2H×300)(Silber-20H×40×4명) - 경영츨 및 간부(2H×300) - 멘토/멘제 Wokshop (4H×300×5수강팀) - 멘토/멘제 보수교육(2H×300×5수강팀×2회) - On Line cyber Link	13,200	13,200	3.200(20H) 600(2H) 4.800(16H) 1.800(6H) 5.000(100명)
수강 교재	- 전문가교재 (200p-30/권당×40권) - 멘토/멘제교재(100p-20/권당×1000권수) - 운영매뉴얼 (200p-30/권당×20권수) - 행정서식 메공 및 멘토인증서 교부	21,800	21,800	2.000(10명) 600(20권) 2.000(50명)
Off Line 전문컨설팅	- 결연식 및 시무식(1일×1000×2) - 평가보고 및 종료식(1일×1000×2) - 격월간 현장 컨설팅(4일×1000×2) - On Line학습자료제공(60Tip×50)	15,000	15,000	15,000
활동비 및 행사지원비	- 주, 월간 개인 활동 예산 - 계간 그룹 행사 지원 예산 - 종료식 포상 예산	자체예산편성 지원항목		
합계(V.A.T 별도)		50,000	50,000	35,000

류재석

■ 약 력

  멘토링코리아 대표

■ 출간도서

  『멘토링 원리와 현장적용 방법』, 『멘토링 경영과 실전성공 전략』,

  『멘토링 사례와 조직별 모음집』, 『멘토링 운영 매뉴얼』, 『멘토링 활동 핸드북』,

  『멘토링 경영 리더십』, 『조직별 멘토링 12개월 운영방법』, 『멘토링 목회 경쟁력 탄생』,

  『내 인생을 바꾼 멘토 Best-100』, 『인간 그리고 멘토링』, 『경영 그리고 멘토링』,

  『성경 그리고 멘토링』, 『청소년개발 멘토링 실전전략』

조직별 **멘토링**
12개월 운영방법

초판인쇄 | 2009년 11월 19일
초판발행 | 2009년 11월 19일

지은이 | 류재석
펴낸이 | 채종준
펴낸곳 | 한국학술정보㈜
주 소 | 경기도 파주시 교하읍 문발리 파주출판문화정보산업단지 513-5
전 화 | 031) 908-3181(대표)
팩 스 | 031) 908-3189
홈페이지 | http://www.kstudy.com
E-mail | 출판사업부 publish@kstudy.com
등 록 | 제일산-115호(2000. 6. 19)

ISBN   978-89-268-0529-9 13320 (Paper Book)
       978-89-268-0530-5 18320 (e-Book)

이담 은 한국학술정보(주)의 지식실용서 브랜드입니다